세 상 을 보 는 조 금 다 른 관 점

진짜와 가짜

요시모토 타카아키 지음 | **송태욱** 옮김

서커스

차례

2. 비평안에 대하여

3. 진짜와 가짜

4. 삶의 태도는 얼굴에 드러난다

5. 재능과 콤플렉스

6장. 지금의 관점, 미래의 관점

머리말

얼마 전 한 신문사로부터 집단 괴롭힘을 당하고 있는 아이들에게 뭔가 메시지를 써달라는 부탁을 받은 적이 있습니다. 이제 와서 특별히 쓸 필요는 없다며 정중히 거절했습니다.

이 문제에 관한 내 생각은 일관되어 있습니다. 괴롭히는 쪽도 괴롭힘을 받는 쪽도 모두 문제라는 것입니다.

나 자신이 괴롭히는 아이였던 과거가 있습니다. 한 반에는 대개 괴롭힘을 당하기 쉬운 아이가 있었습니다. 어쩐지 움츠러든 분위기였기 때문에 놀리기 쉬웠던 탓이라고 생각합니다. 나는 개구쟁이 악동이었기 때문에 앞장서서 놀리기도 하고 괴롭히기도 했습니다.

어느 날 여느 때처럼 반에서 괴롭힘을 당하는 아이를 이리

저리 쫓아다니다가 쓰러뜨려 깔고 앉았더니 그 아이가 신고 있던 자신의 게다를 벗어 들고 내 머리를 힘껏 때렸습니다.

머리를 맞은 나는 한순간 머리가 빙빙 돌아 대체 무슨 일이 일어났는지 금방은 알 수가 없었습니다. 그리고 다음 순간 무릎이 흔들거리더니 바닥에 무릎을 꿇었습니다. 그 틈에 그 아이는 일어나서 도망쳤습니다.

이 자식, 건방지게. 신기하게도 이런 생각은 전혀 들지 않았습니다. 반대로 나는 재미삼아 남을 놀리거나 괴롭히면 안 된다고 진심으로 생각했습니다. 괴롭힐 만한 근거가 있다면 그래도 낫겠지만, 그 아이와는 무관한 내 울분을 풀기 위해서나 전혀 다른 목적으로 괴롭히거나 놀리는 것은 나쁜 일이라고 무척 반성하게 되었다는 걸 지금도 기억하고 있습니다.

괴롭힘을 당했던 아이가 게다로 때린 것은 최후의 카드였는지도 모릅니다. 힘껏 머리를 맞은 일로 나는 정신을 차렸다고 하면 과장된 이야기겠지만, 그 이상의 것을 할 생각이 완전히 없어질 만큼 충격을 받았습니다.

진지하게 자신의 인생을 살고 있다는 것을 깨닫게 된 순간이었던 것 같습니다.

누구나 생사를 걸고 자신의 인생을 살고 있습니다. 당연한 것 같지만 아무도 당연하게 생각하지 않을지도 모릅니다.

지금 세상을 보고 있으면 모든 것이 반대 방향으로 나아가고 있다는 생각이 들 때가 있습니다. 너무나도 상식적인 '질문'과 '답'으로 흘러넘치고, 실은 정말 생각해야 할 것을 생각하지 않고 생각하지 않아도 될 것을 생각하고 있는 게 아닐까요. 우스꽝스럽기까지 합니다.

우선 아무래도 좋을 것 같은 것부터 생각해보는 그런 관점이 필요하지 않을까요. 지금까지와는 조금 다른 부분을 봄으로써 세상을 보는 관점이 조금은 달라질 가능성이 있을지도 모릅니다. 이런 것을 기대하며 이 책을 써나가기로 했습니다.

진짜와 가짜

1

선악 이원론의
한계

일러두기

1. 이 책은 요시모토 타카아키(吉本隆明)의 『真贋』(講談社文庫, 2011)을 완역한 것이다.

2. 사이시옷은 발음과 표기법이 관용적으로 굳어져 있는 경우를 제외하고는 가급적 사용을 지양했다.

3. 일본어 'ち'와 'つ'는 철자의 위치에 상관없이 '치'와 '츠'로 표기했다.

4. 일본 인명의 경우 성 다음의 이름이 파열음 ㅋ, ㅌ, ㅍ으로 시작될 경우 그대로 표기했다. 단 성의 경우는 ㄱ, ㄷ, ㅂ으로 표기했다.

밝음은 스러짐의 모습

우리가 장년이었던 무렵, 간사이關西*에 구사카 요코久坂葉子 (1931~1952)라는 신인 소설가가 있었습니다. 요즘 문학을 좋아하는 한 젊은 여자가 이 사람의 작품을 읽고 싶다고 해서 고단샤講談社 문예문고에 구사카 요코의 작품집이 나와 있다는 것을 알려주었습니다. 그 후 책을 사 읽었다고 해서 어땠느냐고 물었더니 '너무 어두워서 놀랐다'고 하는 것입니다.

확실히 구사카 요코의 소설은 병적인 데가 없지는 않고 소설의 분위기가 어둡기는 하지만 '너무 어두워서 놀랐다'고 할

---

* 교토와 오사카를 중심으로 한 지역.

만큼은 아니라고 생각합니다.

하지만 요즘 사람들은 그것을 어둡다고 느끼겠지요. 그렇다면 문학 같은 건 읽지 않는 게 좋을 거라고 생각했습니다. 항상 밝은 곳만 보고 있으면 어두운 곳에 있는 것이 보이지 않게 됩니다. 애초에 어두운 곳에야말로 진실이 숨어 있는 게 아닐까요.

저는 다자이 오사무太宰治라는 소설가를 좋아합니다. 그런데 그중에서도 가장 좋아하는 말은 "헤이케平家는 밝다. (중략) 밝음은 스러짐의 모습일까. 사람도 집안도 어두울 때는 아직 멸망하지 않는다"라는 사네토모實朝의 대사입니다.

이는 다자이의 단편 「우대신 사네토모右大臣實朝」에 나오는 대사인데, 제가 가장 좋아한다고 할 만한 말입니다. 지금의 일본 사회에도 꼭 들어맞지 않을까요? 지금의 일본 사회는 비교적 밝은데, 이는 스러짐의 모습이 아닐까 하는 생각을 할 때가 있기 때문입니다.

저는 다자이 오사무의 그런 역설적인 표현을 아주 좋아합니다. 그런 말에 나타나는 다자이 오사무의 날카로움은 그의 유아기 체험에서 나온 거라고 보는 것이 솔직한 해석이겠지요.

다자이 오사무는 유아기 때 그다지 어머니의 보살핌을 받을 수 없었습니다. 아이를 보살피는 것은 오로지 하녀나 유모의 일이었고, 어머니는 주로 남편에게 마음을 쓰면 되는 것이 그가 자란 지방의 권세 있는 집안이 가진 생각이었습니다. 어머니 대신 보살펴준 사람이 하녀였다는 것은 청춘기 이후 그의 인격에 큰 영향을 끼칩니다. 다자이 오사무의 날카로움은 분명히 거기에서 나왔을 것입니다.

반대로 말하자면 그런 날카로운 감각은 어머니에게 마음껏 사랑받지 못했다는, 일종의 불행한 성장 과정을 겪었기에 몸에 밴 것이라고 할 수 있습니다. 어머니로부터 사랑받지 못했다는 것은 불행한 일입니다. 하지만 다자이 오사무라는 작가에게 그런 경험이 없었다면 그만한 작품을 쓸 감성이 갖춰지지 않았을 거라는 견해도 있을 수 있습니다.

행복하거나 불행한 경험은 어떤 한 방향에서만 보면 잘못 보는 일이 흔히 있습니다. 다자이 오사무는 불행한 경험이 있었기에 감성을 연마하여 훌륭한 작품을 남길 수 있었습니다. 만약 모두가 부모의 사랑을 한 몸에 받는 풍족하고 밝은 가정에서 자란다면 과연 다자이 오사무처럼 인간의 보편성을 날카롭게 찌르는 작가가 되려고 생각하는 사람이 나올 수 있을까요?

현재의 일본에 대해서도 마찬가지 생각을 할 수 있습니다. 확실히 지금의 일본은 비교적 밝습니다. 하지만 밝으니까 일본이 좋아졌다고 단순히 결부시키는 것은 위험하다고 생각합니다. 밝으니까 좋고 어두우니까 좋지 않다는 선악 이원론으로 생각하면 사물의 본질을 잘못 볼 염려가 있습니다.

무의식중에 답이 정해져 있는 가치 판단은, 자기도 모르는 사이에 사람의 마음을 강제합니다. 밝으니까 좋고 어두우니까 좋지 않다는 단순한 가치 판단을 갖고 있으면 그렇게 생각되지 않는 자신, 그렇지 않은 자신을 궁지에 몰아넣기 때문입니다. 인간에게는, 닫힌 환경이나 공간에서는 교양과 지성을 갖춘 사람조차도 이성적인 판단을 하기 힘들어지는 특성 같은 것이 있습니다. 그것은 저도 잘 알 수 있습니다. 어떤 국면이 되면 굉장히 어리석은 일을 할 수 있는 것이 인간입니다. 선악이라는 두 가지 기준밖에 갖고 있지 않으면 인간은 굉장히 살기 어렵다고 느끼는 것입니다.

지금의 일본은 밝지만, 어딘가 쓸쓸하고 찰나적인 분위기가 느껴집니다. 그럴 때 사회가 나빠졌다, 좋지 않아졌다고 생각하기보다는, 그렇다면 그 원인이 무엇인가를 생각하는 것이 사태의 본질에 다다르기 쉬울 것 같다는 기분이 듭니다.

밝으니까 좋다는 당연한 판단을 근본적으로 의심해보는 겁니다. 그렇게 함으로써 좀 더 세상의 사건이나 자기 자신을 상대적으로 볼 수 있게 되는 게 아닐까요?

인간의 정신은 발달하지 않는다

전쟁 중에 태어난 사람으로서 현재만큼 편리한 시대가 올 줄은 상상도 하지 못했습니다. 전전戰前과 달리 지금은 누구나 좋아하는 일을 선택할 수 있습니다. 최근에는 일을 하지 않는 선택지도 있고, 그런 사람이 늘어나 사회 문제가 되고 있을 정도입니다.

컴퓨터 기술도 해마다 진보하여 해외에 있는 사람과의 연락도 정말 편해졌다고 듣습니다. 컴퓨터의 도입으로 일의 질도 극적으로 변했습니다.

하지만 한편으로 이런 의문도 자주 듣습니다.

"이토록 풍요로워지고 무엇 하나 부자유한 것이 없는 세상이 되었는데도 왜 자식을 죽이고 부모를 죽이는 흉악한 범죄가 늘어나는 걸까요?"

이런 의문은 어떤 오해에 근거합니다. 그것은 인간의 혼이나 정신이 과학의 발달과 함께 고도의 것으로 변해갈 거라는 오해입니다. 과학기술이 아무리 발달해도 인간의 혼이나 정신이 발달하는 것은 아닙니다. 오히려 인간의 정신은 나빠지는 것이라는 생각도 있습니다.

의식적으로 이런 말을 한 사람은 안도 쇼에키安藤昌益(1703~

1762)입니다. 에도 시대의 아키타번秋田藩이나 하치노헤번八戶 藩 주변에서는 널리 알려진 사람입니다.

그는 우리가 성인군자로 생각하는 사람, 예컨대 불교라면 석가, 중국의 유교라면 공자, 도교라면 노자 같은 사람들을 모조리 옳지 않다며 꾸짖었습니다. 왜 옳지 않은가 하면, 윤리적으로 좋다고 생각되는 것밖에 말하지 않았기 때문이라고 합니다. 있는 그대로의 자연을 주체로 생각한다면 좋은 것도 나쁜 것도 있는 것이 당연한데, 나쁜 것을 말하지 않는다는 것은 그것만으로도 이미 바람직하지 않은 증거라는 사고입니다. 나쁜 일이든 좋은 일이든 모든 것을 긍정적으로 포함시켜 생각해야 한다는 것이지요.

안도 쇼에키의 생각에 따르면 석가모니, 예수, 공자, 노자 등이 좋은 것밖에 말하지 않는 것은 세상에 나쁜 것이 많이 나타났기 때문이라고 합니다. 다시 말해 그들이 좋은 것을 말하는 것은, 그 이전 시대에 비해 인간의 정신이 나빠졌다는 것을 보여주는 셈입니다.

확실히 불교에는 그런 사고가 있습니다. 석가모니가 살았던 시대가 진짜 세상이고, 석가모니가 열반한 후 점차 나쁜 시대가 되며, 어떤 시대 이후는 말법시末法時의 세상이라고 규정하고 있습니다. 이 생각은 자신들이 살고 있는 시대보다 앞선 시대가 더 좋았다는 발상입니다. 적어도 자신의 동세대까지가 좋은 시대이고, 그 이후는 정신적으로 점점 나빠지기만 한다는 사고를 갖고 있다고 말해도 되겠지요.

유교에서도 마찬가지 생각을 갖고 있습니다. 요순堯舜시대가 가장 좋은 시대이고, 당시에는 성인聖人이고 군자인 인물이 나라를 지배했습니다. 그것이 가장 이상적인 사회라고 생각합니다. 공자는 자신이 살던 노魯나라도 요순시대로 거슬러 올라가는 것이 이상이라고 생각했습니다. 그러므로 노나라의 왕을 교육할 때 요순시대를 모범으로 삼은 것입니다.

아무튼 인간은 시대가 지남에 따라 정신적으로 바람직하지 않게 되기만 한다는 생각을 갖고 있습니다. 이런 생각은 어느 정도 맞는 게 아닐까 하는 기분이 듭니다. 정신이 좋아지고 있는가, 나빠지고 있는가 하면, 일반론으로서는 나빠지기만 한다고 생각하는 것이 타당하겠지요.

그렇다면 인간의 정신이 어떻게 하면 좋아질까 하는 것은 큰 문제인데, 여러 사람들이 다양한 말을 했습니다. 현대의 정치가도 발언하고 있고, 과거에도 마르크스 같은 사상가가 세상을 이상 상태로 회복할 방법에 대해 말했습니다.

그러나 미래를 내다보는 데 탁월했을 마르크스 같은 사람조차 지금의 상황이나 그 안에 있는 개별 인간의 사고나 삶의 방식이 이렇게까지 될 거라고는 생각하지 못했을 겁니다. 비교적 자연스럽게 조금씩 개량하며 인간으로서 향상되어 갈 것이고, 선악을 느끼는 방법도 서서히 고도화되어 갈 것이라고 상정했을 겁니다.

그러나 지금은 전혀 그 사람들이 말한 대로 되지 않은 상태에 멈춰 있습니다. 어떤 것을 하면 인간의 정신이 이상적이 되고 인간 사회도 이상적이 되는 걸까요? 현재도 여전히 문제일 뿐 아니라 오히려 문제는 커지기만 하고, 우선 해결에 다가갔다는 증거도 없는 것 같습니다.

실제로 일본의 현대를 예로 들어도 조금도 좋은 시대가 되지 않았다는 것을 실감합니다. 부모가 자식을 죽이고 자식이 부모를 죽이고 또는 남편이 아내를 죽이고 반대로 아내가 남편을 죽이는 흉악한 사건은 50년쯤 전의 일본에는 별로 없었던 것 같습니다. 다소는 있었을지도 모르지만, 적어도 사회 문제가 될 정도로 빈번하게 일어나지는 않았을 것입니다.

확실히 편리한 시대가 되기는 했습니다. 그러나 이렇게 보면 일반론이기는 하지만, 성인군자의 시대에 비해 인간의 정신은 나빠지기만 할 뿐이고 좋은 사회가 되었다고는 할 수 없는 것 같습니다.

좋은 말만 하는 사람이 늘고 있다

인간의 정신은 나빠졌을지 모르지만, 인간의 감각을 예민하게 하는 장치나 방법이 개발됨으로써 감각은 점점 더 날카로워졌습니다.

그 좋은 예가 스포츠 선수일 것입니다. 우리가 어렸을 때는 전문가도 100미터 달리기에서 10초의 벽을 돌파하는 일은 불가능하지 않겠느냐고 말했습니다. 저도 10초 벽을 돌파하리라고는 상상조차 하지 않았습니다. 그러나 실제로는 아무렇지 않게 9초대가 나오게 되었습니다. 10초 벽을 돌파한 선수는 단거리라면 동물과 경주해도 지지 않을지도 모릅니다.

그런 선수는 운동 능력, 뇌의 활동, 신경의 작용을 연결시켜 훈련을 거듭하고 감각을 예민하게 함으로써 동물에게 지지 않을 만큼 빨리 달릴 수 있게 되었습니다.

이런 속도의 향상에는 이제 슬슬 그칠 것 같다는 징후가 없습니다. 훈련에 따라서는 반드시 더 빨리 달릴 수 있게 되겠지요.

인간의 수명도 마찬가지입니다. 우리 때는 오래전에 말했던 '인생 50년'이라는 말이 살아 있었고, 기껏해야 약간의 덤을 붙여 60세 정도까지는 살 수 있지 않을까, 하고 생각했습니다.

그런데 '웃기고 있군' 하고 말하고 싶어질 만큼 우리는 엄청나게 장수하게 되었습니다. 제가 79세가 되었을 때 입이 건 의사로부터 "이만큼 살았으면 되지 않았소"라며 놀림을 당한 적이 있습니다. 그런데 지금은 평균 수명이 멈출 징후가 없으며 더욱 늘어날 거라고 생각합니다.

속도의 향상이라는 감각의 영역을 예민하게 하기 위한 장치나 방법은 아직도 그칠 줄을 모릅니다. 문명의 발달 역시 마찬가지로, 여전히 진보를 거듭하며 인간의 생활은 더욱 편리해지겠지요.

그러나 문명이나 과학이 발달하는 한편, 인간의 어리석음도 한없이 커지고 있다고 해도 좋을지 모릅니다.

그 좋은 예가 각국에서 앞을 다투어 개발하고 있는 핵무기입니다. 미국과 러시아는 이미 상당한 수의 핵무기를 보유하고 있습니다. 중국이나 프랑스도 어느 정도의 숫자를 보유하고 있고 인도와 파키스탄도 갖고 있습니다. 나아가 북한은 핵 보유를 선언했습니다. 제가 보기에 이는 바보 같은 경쟁입니다. 어쩌면 뜻밖의 순간에 인간의 역사를 날려버리는 사태가 일어나지 않는다고도 말할 수 없습니다. 그 가능성은 있다고 생각합니다.

인간의 수명이나 문명의 발달, 감각을 예민하게 하기 위한 장치의 기능이 향상되는 것은, 우리가 생각할 영역도 아니고 우리가 어떻게 할 수 있는 것도 아닙니다. 하지만 핵무기 경쟁 같은 것만은 그만두라고 말하고 싶습니다. 물론 일본도 그런 것을 만들지 말고 평화만을 적극적으로 주장하는 태세를 취하라는 것입니다. 건설적인 영리함은 그것밖에 없습니다.

우리가 참견할 사항은 아니지만 각 나라의 지도자들은 그런 바보 같은 경쟁을 하지 말고 점차 폐기하는 경쟁을 하면 됩니다. 그렇게 하기 위해서는 우선 핵무기를 많이 보유하고 있는 곳에서부터 버려간다면 나머지는 따라할 것입니다. 보유국이 나쁘기 때문에 처음에 보유국이 폐기하지 않는 한 아무리 시간이 지나도 없어지지 않겠지요.

하지만 지금의 핵무기 확산 방지 조약은 그런 구조가 아닙니다. 핵무기를 줄이면 된다는 규정만 있고, 미국과 러시아의 핵을 폐기하여 적게 하라는 규정이 없습니다. 그러므로 폐기하지 않습니다. 그뿐 아니라 모두가 흉내를 냅니다. 일본에도 흉내를 내자는 작자가 있을 정도이니 정말 웃기지도 않습니다. 그것이야말로 인류가 얼마나 어리석은지를 가장 잘 보여주는 것입니다.

일본 헌법에는 전쟁을 하지 않겠다는 조항이 있기 때문에 거리낌 없이 적극적으로 주장하면 될 것입니다. 물론 그런 일은 우리의 영역이 아니라 정치가가 해야 할 일이고 국제적으로도 해야 할 일이지만, 그다지 하고 있는 것으로 보이지 않습니다.

'까딱하면 전멸이다'라는 곳으로 앞 다투어 가려는 것을 일본이 흉내 낼 필요는 없고 또 그런 것을 좋다고 할 필요도 없습니다. 핵무기 보유에 대해서는 어느 나라가 나쁘고 어느 진영이 좋은 것이 아니라 모두 나쁘다고 하는 것이 옳다고 생각합니다.

현대는 문명이나 과학이 점점 발달하기만 해서 인간의 어리석음을 더욱 잘 알 수 있는 시대인지도 모릅니다. 그리고 어리석음은 노골적이 되었습니다. 원인을 밝히자면 그것은 정신이 망가졌기 때문일 겁니다.

그렇게 보면 일반론으로서 시대가 지남에 따라 정신은 점점 더 망가졌다고 표현할 수 있을 것 같습니다.

안도 쇼에키는 석가모니나 공자 등을 나쁘게 말하는데, 그의 그런 사상은 현대에도 경청할 만한 것이 아닐까요?

그러므로 좋은 말만 하는 작자가 늘었기 때문에 약간 위험한 때라고 판단하는 것이 좋을 것 같습니다. 안도 쇼에키의 사상에 따르자면, 그만큼 시대가 나빠졌다는 것을 보여주고 있기 때문입니다.

'풍요로움'에 감추어진 것

저는 어렸을 때 세상 사람들이 흔히 말하는 악동으로, 밖에서 활달하게 노는 아이였습니다. 그런데 청춘기에 들고 나서 문학책 따위를 읽게 되었습니다. 그러자 아버지는 "넌 요즘 패기가 없어졌구나" 하고 말했습니다. 그 말을 듣고 보니 확실히 저도 그 말이 맞다고 생각하게 되었습니다. 하지만 그것이 문학의 독이었다고 자각한 것은 시간이 좀 더 지나고 나서입니다.

그 당시에는 반항심도 있었는지 아버지가 말하는 식의 패기는 변변한 것이 아니다, 손발을 움직여 활발하다는 의미의 그런 단순한 패기 같은 건 대단한 것이 아니다, 좀 더 고도의 패기도 있다, 하는 식으로 은밀히 반발하며 들었습니다.

그러나 나중에는 아버지의 말에도 납득할 수 있을 것 같았습니다. 확실히 책을 읽음으로써 독이 퍼졌을지도 모른다고 생각하게 된 것입니다.

세상의 일반적인 가치관에서 말하자면, 책을 많이 읽는 것이 별로 안 읽는 것보다 교양이 몸에 배고 사고가 깊어지며 인생이 풍부해진다고 합니다.

하지만 저는 소설이나 시를 읽음으로써 뭔가 마음이 풍부해질 거라고 맹신하는 사람이 있다면 그건 다소 위험하다고 생각합니다. '풍부해진다'고 할 만큼 믿을 수 없는 말은 없기 때문입니다. 물론 책을 읽게 되어 세상의 일반 사람들이 그다지 생각하지 않는 것을 생각하게 되는 이점은 있겠지요. 하지만 그런 이점을 얻음과 동시에 독도 얻게 되는 거라고 생각하는 편이 나을 것 같습니다.

책을 읽는 사람도, 전혀 읽지 않는 사람도 있습니다. 책 읽는 걸 좋아하는 사람이라도, 예전의 『우동 한 그릇』*처럼 눈물을 쏙 빼게 하는 책이라면 읽겠다는 사람도 있습니다. 아니, 그런 것은 그다지 고급이 아니라며 어려운 책을 읽는 사람도 있습니다.

책을 읽는 것이 사람을 어떻게 바꿔놓는가 하는 것도 사람마다 다르겠지요. 다만 거기서 많은 사람이 놓치고 있는 것은, 요컨대 책을 읽는다는 것에는 이점과 함께 독도 있다는 점입니다.

---

* 구리 요헤이栗良平의 동화. 원제는 '가케소바 한 그릇'(우동이라고 하면 섣달그믐날 도시코시소바를 먹는 일본의 관습이 사라지지만 친숙하게 다가오는 점은 있다)이다. 섣달그믐날 밤늦은 시간에 허름한 차림의 부인이 어린 두 아들을 데리고 들어와 우동 1인분을 시키자 가게 주인이 몰래 1.5인분을 끓여주는 배려에서 시작되는 감동적인 이야기다. 1989년 일본 전역에 화제가 되어 영화화되는 등 사회현상이 되기도 했다.

예컨대 책을 많이 읽게 되고 나서 경제적인 이익에 그다지 관심을 갖지 않게 되는 점이 있겠지요. 정념의 변화나 감각의 훌륭함에 이끌려 현실과 동떨어진 것을 좋아하게 되는 사람도 흔히 있습니다. 확실히 고도의 감각이나 마음을 가질 수 있게 됨으로써 인간으로서 좋아진다는 관점도 있지만, 한편으로 독이 퍼지는 것에도 주의하지 않으면 안 됩니다.

　소설에 따라서는 범죄나 인간으로서의 자격을 잃을 만한 것에서 가치를 발견하는 내용의 작품도 있습니다. 그것을 읽고 감동을 받을 수도 있겠지요. 그리고 현실 세계에서도 인간으로서의 자격을 잃을 만한 것을 지향하려고 합니다. 이를 독이 퍼졌다고 받아들일지 인간으로서 수준이 높아졌다고 해석할지는 사람에 따라 의견이 갈릴지도 모릅니다. 다만 어찌 되었든 확실한 것은 뭔가에 열중한다는 것은 그것의 독도 반드시 받게 된다는 것입니다. 이는 아주 당연한 사고가 아닐까요?

　인간 자신도 그렇습니다만, 모든 것은 선과 악을 다 갖고 있습니다. 어느 쪽 면이 강하게 나오는가 하는 것에 지나지 않습니다. 사물의 좋은 면만 봐도 안 되고 나쁜 면만 봐도 불충분합니다. 요즘 같은 시대는 선악 양면에서 보는, 또는 선악이라는 가치관을 내버려두고 사물 자체를 보려고 하는 관점이 필요합니다.

모든 것에는 이점과 독이 있다.

책을 읽는 것에 이점과 독이 있는 것과 마찬가지로, 모든 것에는 이점과 독이 있습니다. 예를 들어 돈벌이에도 이점과 독이 있습니다.

호리에몬*의 경우는 어땠을까요? 그는 젊은데도 부자가 되었고 기발한 아이디어가 독특하다고 평가되는 측면도 있었던 점은 이점이었다고 생각합니다. 다만 그의 독이 가장 강하게 표면에 드러난 것은, 자민당 정치가의 감언이설에 넘어가 중의원 선거에 출마한 일이겠지요.

텔레비전에서 그를 보고 있었는데, 앞으로의 목표를 물었을 때 그는 장차 나라를 짊어지는 정치가가 되어 일본의 정치를 개선하겠다는 식의 말을 했습니다. 부자가 된 정도에서 그만두

---

* 호리에 타카후미堀江貴文(1972~)는 일본의 기업인으로, 인터넷 기반 기업인 주식회사 라이브도어의 전 CEO다. 통통한 체격과 호감 주는 인상에서 호리에몬(호리에+도라에몬)이라는 애칭을 갖고 있다. 2005년 8월의 총선거 때 자민당 공천으로 입후보했으나 낙선했다. 자민당 소속으로 출마했는데도 자유분방한 태도와 "일본의 국가원수가 천황제로 규정되어 있는 헌법에 위화감을 느낀다", "대통령제가 바람직하다"는 등의 정견 발표로 자민당 내부로부터 비판을 받았다. 2006년 1월, 도쿄 지검 특수부에 의해 증권거래법 위반 혐의로 조사를 받은 후 체포되었다. 2011년 징역 2년 6개월의 실형이 확정되었고 2013년에 석방되었다.

었으면 좋았을 텐데, 거기까지 말한다거나 그렇게까지 하려고 하는 것을 보면 상당히 독이 퍼져 있는 것이라고 생각했습니다. 독이 퍼져 있는 사람의 특징은 뭐든지 지나치게 한다는 점입니다.

그런 말을 하기 때문에 건방지다며 찍히고 반감을 사서 어딘가 흠이라도 없나 하고 뒤지게 되었다는 것은 충분히 있을 수 있는 이야기입니다. 과연 거금을 벌어들인 인간이 일생 중에 크게 성공하여 일본의 모범적인 정치가가 될 수 있을까, 하는 생각을 했는데 역시 그건 어렵다고 생각합니다.

돈벌이에 최대한 전력을 기울여 복지 사업이나 자선 사업을 하든, 나쁜 일을 하든 그 연장선상에서 뭔가를 할 수 있는 정도는 되었겠지요. 하지만 번 돈으로 정치가가 되어 자신이 생각하는 정치를 한다는 것에는 억지가 있습니다. 아주 평범한 사람이라도 그런 바보 같은 걸 생각해서 어떡하겠다는 거야, 라고 생각할 게 뻔합니다.

젊은 탓에 본심을 털어놓은 것이겠지요. 그런 솔직함이 있어서 인기는 올라갔겠지만 그 독이 제대로 퍼지고 있구나, 하고 저는 생각했습니다. 장차 일본을 짊어지는 정치가가 되어 이상적인 나라로 만들고 싶다고 진지하게 생각하는 사람이라면 텔레비전 카메라 앞에서 그런 말을 입에 담지는 않겠지요.

하지만 호리에몬은 태연하게 그런 말을 했습니다. 그것을 보며 이건 아닌데, 하고 생각했습니다. 아마 젊고 '막대한 부'를 손에 넣었기 때문에 이번에는 무엇을 해볼까 하는 생각을 한 결과 도를 넘고 말았을 것입니다.

문학에 대해서도 똑같은 말을 할 수 있습니다. 설사 아무런 이익이 되지 않더라도 작가는 쓰는 것을 그만두지 않고, 읽는 사람도 없어지지 않습니다. 왜냐하면 독자의 입장에서 보아 어딘가에서 자신이 느낀 것과 같은 것을 이 필자가 느끼고 있구나 하는 인상을 가질 수 있다면, 그것은 자신에게 위안이 되고 용기를 주기 때문입니다.

한편 필자의 입장에서 보면 그런 독자가 어딘가에 있다는 것을 기대하고, 쓴 보람이 있었다는 기분을 느끼고 싶은 것입니다. 이는 눈에 보이는 이익은 아니지만, 은밀히 그런 것을 염원하며 글을 쓰고 있을 겁니다.

저 자신도 마음 어딘가에서 그런 생각을 하고 있습니다. 어딘가에서 자신의 글이 위로가 되거나 용기를 주기를 기대하고 있는 점이 있습니다. 그러나 그런 기분도 지나치면 역시 독이 퍼집니다. 어쩌면 제 글을 읽고 문학을 때려치웠다고 하는 사람이 있을지도 모릅니다. 아무튼 저 자신에게는 자신이 시나 글을 썼던 것이 제 나름의 독으로 퍼지고 있기 때문에 그 독에

중독되었겠지요.

자신의 독에 책임을 진다

사실 저는 아직 젊었을 때 자신의 독에 대해 깊이 생각하게 된 쓰라린 추억이 있습니다.

1960년의 안보투쟁* 때 저는 학생들과 접촉할 기회가 많았습니다. 그런데 학생 중에는 투쟁이 끝났을 때 그저 끝났다고는 생각하지 않고 잘되지 않은 것에 좌절하여 자살한 사람도 몇 명 있었습니다. 지인으로부터 "그 녀석이 자살했습니다. 장례식은 ××에서 하는 모양입니다"라는 정보가 들어오면 저는 가능한 한 참석하기로 하고 있었습니다.

무거운 발걸음을 이끌고 가보면 자살한 학생의 부모가 노골적으로 분노를 터뜨리는 일이 있었습니다. "당신이 쓴 것을 읽지 않고 대학에서 제대로 공부하고 있었다면 아들은 이렇게 되지 않았을 것이다"라는 것입니다. 얼굴을 맞대고 분명히 말

---

* 1960년 일본에서 미국 주도의 냉전에 가담하는 미일상호방위조약 개정에 반대하여 일어난 시민 주도의 대규모 평화 운동.

하는 사람도 있었고, 넌지시 그런 뜻을 비치는 사람도 있었습니다.

그럴 때 저는 정말 말 그대로라는 느낌에 죄송하다는 듯이 그저 묵묵히 고개를 숙인 채 듣고 있기만 했습니다. 싸움의 뒤처리라고 하면 이상하지만, 저 나름대로 최후방을 떠맡아야 하는 역할이라고 생각했기 때문에 반발하지 않고 그저 묵묵히 듣기만 하는 일을 꽤 했습니다.

부모가 그런 말을 입에 담는 것은 곧 독을 밖으로 내보내는 일입니다. 평소 아들에게 어떻게 대했는지, 아들에 대해 얼마나 알고 있었는지, 하는 것이 모두 푸념 속에 나오는 것입니다.

그런 가운데 단 한 가지 그건 아니라고 생각한 것이 있었습니다. 그것은 자신의 아들이 아무런 방해를 받지 않았다면 대학에서 열심히 강의를 들으며 공부했을 거라는 믿음입니다.

그것은 아닙니다. 저는 자신의 경험이나 실감에서 볼 때 대학은 그렇게 열심히 공부하는 곳이 아니라 수업을 빼먹더라도 무언가를 하며 졸업하기만 하면 되는 곳 정도라고 생각합니다.

부모의 생각에 몹시 납득할 수 없는 기분이 들었습니다. 세 명이라면 세 명의 부모가 모두 똑같은 말을 하기 때문에 '그건 거짓말입니다'라고 말하고 싶을 정도였습니다. 하지만 그런 말을 하면 더욱 분노를 살 뿐이라서 아무 말도 하지 않고 예에,

예, 하는 식으로 듣고 있었습니다.

자살한 사람은 제가 쓴 것의 독을 받아들였을지도 모릅니다. 어렸을 때부터 제 안에 어딘가 자살하고 싶다는 마음이 있었고, 그런 것이 저절로 글에 반영된 것이 아닐까, 하는 이러저러한 것들이 저의 반성의 재료가 되었습니다.

이런 것이 있으니까 문학을 읽으면 감성이 풍부해진다고만 말하면 그건 좀 이상하다고 생각합니다. 풍부해지기도 하겠지만 동시에 문학에는 문학 고유의 독이 있기 때문에 분명히 독도 퍼집니다. 그 점은 잊지 않는 게 좋을 것입니다.

풍부해지기 때문에 문학은 백 퍼센트 좋은 것이라니, 그런 바보 같은 말도 없습니다. 풍부해지기는 할지 모르겠지만, 독이 퍼져 세상에서 흔히 말하는 도움이 안 되는 사람이 되는 경우도 있습니다. 독이 퍼지는 방식은 읽는 사람에 따라 다르겠지만, 뭔가에 열중하는 한 반드시 독이 퍼집니다.

돈에 독이 있다는 것은 누구나 잘 알고 있을 겁니다. 돈은 무섭다, 돈은 사람을 바꿔버린다, 하는 이야기를 자주 듣기 때문입니다. 그러나 문학이나 책이라는 일종의 예술적인 것에도 이점과 독 양면이 있다는 것은 그다지 의식적으로 생각하지 않는 게 아닐까 싶습니다. 일반 세상에는 사물의 독이 어디에 있는지 모르거나 그것이 존재한다는 것조차 모르는 사람이 많은 게 아닐까, 하고 생각합니다.

이는 문학에 한정된 이야기가 아닙니다. 무슨 일이든 좋은 것만이 아니라 독도 제대로 말해야 한다고 생각합니다. 또한 자기 자신의 문제로서, 때로는 어떤 독이 자신에게 퍼져 있는가 하는 것도 냉정하게 생각하지 않으면 크게 그르치는 일도 있지 않을까요.

인간 자신에 대해서도 마찬가지입니다. 이점과 독이라는 사고를 하면 인간도 선악을 함께 갖고 있다는 것을 알 수 있습니다. 세상에 백 퍼센트 선인은 없습니다. 선인이 갑자기 악인으로 변하거나 그 반대가 일어나는 것은 바로 그런 일입니다.

직업을 택할 때도 이런 사고가 필요하다고 생각합니다. 어떤 직업을 가진 사람이라도 그것이 자신에게 적잖은 이점이 있기 때문에 선택했겠지만 사물의 이점만 생각하지 말고 독도 생각하는 것이 좋지 않을까 싶습니다.

하긴 저의 경우도 사물의 양면성을 주의 깊게 생각하게 된 것은 인생의 후반기에 들어서고 나서였습니다.

독이라는 것은 이점과 함께 있습니다. 그리고 역설적으로 말하자면 독은 전신에 퍼지지 않으면 제구실을 하지 못한다는 인상을 갖고 있습니다. 제구실을 하는 작가든 시인이든 글을 써서 일을 하는 사람은 반드시 독이 퍼져 있습니다.

그런 사람은 적어도 독을 그대로 드러내지 않도록 한다거나 독을 초월하게 하는 등 끊임없이 생각함으로써 간신히 균형을 유지하고 있다고 하는 것이 타당한 이야기겠지요.

운명에 따르는 것 외에 좋은 삶의 태도란 없다

무라카미 펀드의 대표였던 무라카미 요시아키村上世彰* 씨가 체포되기 직전에 열었던 기자회견이 기억에 남아 있는 분이 많을 거라고 생각합니다. "돈벌이가 나쁩니까?"라고 소리 높이 물었던 것이 인상적이었습니다.

시대의 총아로 추앙받으며 일세를 풍미한 사람들이 허망하게 체포되는 것을 보며 허무함을 느꼈을지도 모르겠습니다. 정말 좋은 인생이란 무엇인가를 생각해볼 계기가 되었던 것은 분명하겠지요.

그렇다면 좋은 삶의 태도란 무엇일까요? 자신이 갖고 태어

---

* 통상산업성 공무원 출신의 투자가. 2006년 증권거래법의 내부자 거래 혐의로 기소(무라카미 펀드 사건)되었다. 일련의 거래로 얻은 이익은 30억 엔으로, 내부자 거래로는 역대 최고액이었다. 2009년 징역 2년 집행유예 3년, 벌금 300만 엔, 추징금 11억 4900만 엔의 유죄 판결이 확정되었다.

난 운명이나 숙명이 있다면 순순히 그것에 따라 살아가는 게 아닐까요? 그렇다면 운명이나 숙명이란 무엇일까요? 주로 그 사람과 어머니의 관계에서 형성된 것일 겁니다. 그것에 충실하게 살아가는 것 외에 좋은 삶의 태도란 없지 않을까요?

만약 운명이 가혹한 것이었다면, 그것을 넘어서려고 고생한 부분이 얼굴 표정에도, 성격에도 드러나겠지요.

구체적으로 말하면 사춘기에 해당하는 15~16세 정도까지의 가정 상황이 그 사람의 성격 형성에 큰 영향을 끼치는 것입니다.

좀 더 상세히 말하자면 성격 형성에는 어머니 또는 어머니를 대리하는 사람의 영향이 가장 클 겁니다. 그 이후의 인생은 자기 자신이 보태거나 수정함으로써 삶의 태도를 바꿔나갈 수 있기 때문입니다.

그러나 운명을 형성하는 성격적인 부분은 주로 사춘기에 이르기까지 다 결정되어버립니다. 그것은 타인이 바꿀 수 없고, 본인도 좀처럼 바꿀 수 없습니다. 어떻게 살아가는 것이 자연스러운가 하는 것도 본인밖에 알 수 없습니다.

예를 들어 사춘기 때 가난한 생활을 한 사람이 그 반동으로 장래에 부자가 되고 싶다고 생각하는 것은 주어진 운명에 거스르는 것이 아닙니다. 만약 그 사람이 정말 부자가 되어 제대로 성공하면 그것은 굉장히 훌륭한 일이라고 생각합니다.

좌익적인 사람 중에는 이런 생각이 마음에 들지 않는다는 사람이 많은데, 저는 그렇지 않습니다. 어렸을 때 가난을 심하게 겪었기 때문에 그 반동으로 돈벌이에 전념하여 부자가 되려는 것은 좋은 일이라고 생각합니다. 타인에게는 그것을 나쁘다고 할 이유도 없을 뿐 아니라 방해할 이유도 없습니다.

좌익에 속한 사람들에게는 그런 부분을 아무리 설명해도 이해할 수 없는 것이기도 합니다. 그런 생각은 부아가 나고 괘씸하다고 말하는 것 같은데, 절대 그럴 일이 아닙니다.

어떤 사회든 자연스럽게 행동하고 솔직히 부자가 되고 싶다고 생각하여 실현한다면 그것은 좋은 일이라고 할 수밖에 없습니다.

설사 사회주의 국가의 높은 사람, 지도자라고 해도 '네가 부자가 되어 괘씸하다'고 말할 권리는 없으며, 그렇게 말하는 것은 잘못입니다. 특별히 부자가 되고 싶지 않다는 사람이 있다면 그것은 그것대로 자유이지만, 적어도 타인이 부자가 되고 싶다고 생각하며 노력하는 것을 방해할 이유는 되지 못합니다. 적어도 주위에 피해를 주지 않는다면 돈벌이도 훌륭한 일이 아닐까요.

그렇다면 너는 큰 부자가 된 사람을 진심으로 긍정할 수 있느냐, 하고 묻는다면 솔직히 저로서도 다소 의심스러운 부분이 있기는 합니다. 저도 돈을 갖고 싶기도 하고 돈이 없어 곤란한 일을 겪기도 하기 때문에 순순히 긍정하는 것이 어려울지도 모릅니다.

하지만 그 사람이 일반 사람들에게 피해를 주는 방식으로 돈을 벌거나 쓰지 않는 한 어떤 입장에 있는 사람이라도 긍정하는 것이 정당한 일이 아닐까요? 원칙적으로 누구도 불평할 이유는 없습니다.

마르크스식의 이론에서 말하자면, 자연에 대해 뭔가 작용을 가하면 반드시 이윤이나 잉여가치가 나옵니다. 잉여가치를 낳기 위해 작용하는 것인데, 그 잉여가치는 뭔가의 형태로 그 사람에게 돌아옵니다.

그 잉여가치를 나쁘게 사용하지 않는다면 특별히 불평을 들을 이유가 전혀 없다는 이치입니다. 그러나 스탈린 이후의 좌익계 사람들은 좀처럼 그것을 납득해주지 않았습니다. 괘씸하다, 부아가 난다고 말합니다. 거기에는 개인적 감정이나 심리 상태, 질투 같은 여러 가지 것들이 개입합니다.

잉여가치를 나쁘게 쓴다는 것은 부자가 된 사람이 그것을 이용해 나쁜 짓을 꾀하거나 돈을 더욱 늘리려고 하는 일입니다. 그렇게 되는 가장 큰 원인은 애초에 그 사람 자신의 마음가

짐이 나쁜 것입니다. 예컨대 원래 모범이 되어야 할 정치 지도자들이 속임수를 쓰기 때문에 내가 해도 되는 거 아니냐는 변명을 준비하고 있는 사람도 있겠지요.

만약 돈을 빌려주고 상대가 약속대로 갚지 않았다면 위협을 하건 뭘 하건 간에 꼭 받아내야 한다는 생각이 있습니다. 그것이 좋은 일인지 나쁜 일인지는 상식적인 판단에 맡길 수밖에 없습니다. 그러나 이 문제를 사랑이라는 관점에서 생각하면 판단이 달라집니다. 즉 가난한 사람에게 폭력적이고 협박 같아 보이는 식으로 빚을 받아내는 것은 좋지 않다는 판단입니다.

하지만 부자가 되었다고 해서 어딘가에 기부를 해야 한다거나 시혜를 베풀어야 한다고 하면 그건 아닙니다. 부자가 되었다면 마음껏 사치를 부리거나 맛있는 것을 먹거나 여행에 돈을 쓰는 것은 특별히 나쁜 일도 뭐도 아니고 어디까지나 자연스러운 일입니다.

하니야 씨의 오해

설사 졸부 취향의 집에 살아도 그것은 개인의 기호 문제일 뿐입니다. 그러나 좌익계 동료들은 좀처럼 그것을 이해해주지 않는 면이 있습니다.

저희 집은 금융공고金融公庫*의 융자가 끼어 있는 집인데, 일반 월급쟁이를 위해 지어진 것입니다. 이사를 와서 보니 샹들리에 두 개가 달려 있는 방이 있었습니다. 그래서 전기 공사하는 사람을 불러 이런 건 쓸데없으니 보통의 형광등으로 바꿔 달라고 했습니다. 그랬더니 이런 샹들리에는 찾는 사람이 없어서 가져갈 수도 없으니 그냥 달아둬도 되지 않겠느냐며 떼어주지 않았습니다.

하니야 유타카埴谷雄高(1909~1997)** 씨와 논쟁을 했을 때 그는 이것을 지적하며 너는 샹들리에가 달린 집에 살고 있지 않느냐고 썼습니다. 저는 부아가 치밀었기 때문에 "우리 집 등이 샹들리에든 사방등이든 그런 것을 타인이 불평하는 사회는 오지 않을 거라고 생각한다"라고 써서 반론했습니다. 하지만 좀 실망했습니다.

하니야 씨는 일종의 구식 좌파라서 부자는 괘씸하다는 말로 일관했습니다. 부자 정치가도, 부자 실업가도 괘씸하다는 의미

---

* 주식회사 일본정책금융공고日本政策金融公庫, Japan Finance Corporation가 정식 명칭이고 재무성財務省 소관의 특수 회사.

** 일본의 정치, 사상 평론가이자 소설가. 대표작으로 미완의 대작 『사령死靈』이 있다.

의 좌익이 왕성하게 횡행하던 시절에 좌익이 된 사람이라 그런 발상이 남아 있었던 것이겠지요.

우리는 먹는 것만은 곤란하지 않은, 이른바 중산층이 80퍼센트 이상을 차지하는 시절에 청춘기를 보냈기 때문에 그런 것은 그다지 신경 쓰이지 않습니다. 나쁜 짓을 하지 않는 한 개인 마음이고, 자신이 그렇게 되고 싶다면 그렇게 하면 된다고 생각하는 그런 시절에 자랐기 때문에 하니야 씨 세대와는 사고방식이 상당히 달랐던 것입니다.

하니야 씨는 좌익 중에서도 제가 존경하는 사람이었는데 아아, 이 사람도 이런 것을 쓰는구나, 하는 생각에 굉장히 안타까웠습니다. 만약 샹들리에가 달려 있는 이유를 물어봤다면 설명해주었을 겁니다. 하니야 씨 정도의 사람이 확인도 하지 않은 채 소문만 듣고 그런 걸 논쟁에 끌어들인다면 일본의 좌익은 끝장이라고 내심 생각했을 정도입니다.

하기야 저도 늘 타인에 대한 악담만 썼고, 하니야 씨에게도 딱 한 가지 악담을 쓴 일이 있습니다. 혹시 샹들리에 건은 제가 악담을 쓴 것에 대한 보복 같은 것이었는지도 모르겠습니다.

제가 쓴 악담은 별것 아니었습니다. 당시 하니야 씨는 핵전쟁 반대라는 단체의 발기인 같은 것을 하고 있었는데, 그건 모순된 것이 아니냐고 지적했던 것입니다.

왜 이상한가 하면, 소련(당시)도 핵무기를 갖고 있어서 그 무렵에는 국경에서 일본으로 핵미사일을 향하고 있었는데도 그 단체는 소련의 핵무기에 대해서는 거론하지 않고 미국의 핵무기만 왈가왈부했기 때문입니다.

원래 하니야 씨는 이런 말을 했습니다.

"소비에트 연방의 보통 병사들은 무기의 포신을 크렘린 궁전으로 향한 채 지도자가 핵무기를 버리지 않으면 대포를 쏘겠다고 말한다. 미국 병사들은 대포를 펜타곤으로 향한 채 지도자가 핵무기를 버리지 않으면 쏘겠다고 말한다. 이렇게 하는 것이 핵전쟁을 없애는 방법이다."

그는 이런 말을 한 유일한 일본인이었습니다. 그런데도 미국에만 말하는 좌익계 단체의 발기인이 되었기 때문에 저는 거기에 시비를 걸었던 것입니다.

그렇게 시비를 거는 방식을 보고, 후배인 주제에 건방지다는 감정을 품었을지도 모릅니다. 그것을 샹들리에로 되갚아서 거기에는 졌다고 생각했습니다. 그 논쟁이 끝나고 나서 하니야 씨는 간접적으로 '요시모토에게는 미안했다고 전해달라'는 말을 전해왔습니다. 울며 겨자 먹기로 단념하지 않고, 두 손을 들지 않아서 다행이었던 것 같습니다.

저도 그렇습니다만, 듣기 좋은 말을 하는 동안에는 타인의 비판 따위는 머리에 떠오르지 않는 법입니다. 하지만 "너, 정말 그럴 준비가 되어 있어?"라고 추궁당하면 미심쩍어져서 '이거 안 되겠다' 하며 반성하는 일이 많습니다. 자신이 준비가 되어 있지 않다면 그렇게 말해서는 안 된다는 것은 사실입니다. 그런 마음가짐은 소중히 하고 있고, 그런 것에 주의를 기울이고 있습니다.

좋은 일은 아무렇지 않은 듯이, 나쁜 일은 과장되게

여러 가지 일에는 각각 나쁜 독이 있다고 생각하지만, 이전에는 아슬아슬하게 독과 이점의 균형이 어느 정도 잘 유지되었던 것 같습니다. 그러나 요즘에는 여러 가지 직업의 독 같은 부분이 차례로 겉으로 드러나는 것 같습니다. 학교의 교사, 경찰관, 목사 같은 이른바 성직으로 여겨져 온 일을 하는 사람들이 아무렇지 않게 범죄를 저지르게 되었습니다. 게다가 한심한 범죄도 있습니다.

성직의 독으로서 가장 문제가 되는 것은 '가르치는 독'이 아닐까요? '가르치는 독'이란 이해하기 어려울지도 모르겠지만, 우리의 일에도 그것과 다소 닮은 점이 있습니다. 제가 '가르치는 독'에 대해 가장 주의를 기울이는 것은, 좋은 일을 말할 때는 아무렇지 않은 듯이 말한다는 점입니다.

예컨대 학교 선생님의 경우는 좋은 일을 정말 좋은 일로서 분명히 말하지 않으면 아이들에게 통하지 않기 때문에 좋은 일을 지당하다는 어조로 이야기하는 데 익숙해 있습니다. 하지만 좋은 일을 좋은 일로서 말하면 모두 도덕가가 되어버립니다. 이건 좋다, 이건 나쁘다, 이렇게 하는 건 좋다, 이렇게 하는 건 나쁘다, 하고 단정하게 되고 항상 그럴싸한 말투가 되어가는 것입니다. 그것은 일종의 독입니다.

목사의 독도 마찬가지입니다. 그리스도교의 목사는 불교와 달리 죽은 자를 상대하는 일보다는 일요일마다 교회로 예배하러 온 신자들에게 좋은 이야기를 하는 것이 중요한 역할입니다. 특히 서구의 노인은 목사로부터 좋은 이야기나 고마운 이야기를 듣고 싶다는 희망이 무척 크다고 합니다. 일요일마다 교회에 가서 목사의 이야기를 듣는 것이 낙이라고 하니까요. 그렇게 되면 목사는 자연스럽게 무슨 일이나 가르치려 드는 설교조가 되기 쉽습니다.

가르치는 독. 우리의 직업도 이와 유사한 점이 있겠지요. 그렇다면 독이 퍼지는 걸 원하지 않는데 어떻게 하면 좋을까, 하고 늘 생각하게 됩니다. 결론적으로 좋은 일을 말할 때는 아무렇지 않은 듯이 태연한 느낌으로 말하는 것이 좋습니다. 반대로 개구쟁이 악동 같은 일을 말할 때는 큰 목소리로 말합니다. 그렇게 하면 독이 적게 퍼질 겁니다. 저는 가능한 한 그렇게 하고 있습니다.

젊을 때 부탁을 받고 강연을 할 때도 되도록 좋은 일은 좋은 일로서 말하지 않으려고 하는 것만은 항상 유의했습니다. 좋은 일을 좋은 일처럼 말하는 것은 어쩐지 꼴사나워서 견딜 수 없는 기분이 듭니다.

듣는 쪽의 경우도 자못 학교 선생님이나 목사 같은 어투로 말하면 아무래도 답답함을 느끼겠지요. 선생님 같은 사람이 학생을 앞에 둔 듯한 어조로 이야기하면 아아, 바보 같은 이야기를 하는구나, 하고 생각할 게 뻔합니다.

입장이 위에 있는 사람일수록 좋은 일을 좋은 듯이 말하면 더는 할 말이 없어집니다. 따분해지고 말지요. 초등학생이 좋은 일을 말하는 것은 귀여운 것으로 끝나지만 선생님은 그렇게 하지 않는 편이 좋은 것 같습니다. 선생님이 그렇게 하지 않아도 아이들은 제대로 알고 있기 때문입니다.

아이들은 그들 나름의 감각으로 어른을 보는 눈을 제대로 갖고 있고, 그것으로 판단하고 있습니다. 특별히 어른이 좋은 일을 말하지 않아도 자연스럽게 해나가면 그것으로 되는 게 아닐까요?

만약 그런 좋은 일을 말해야 할 때는 아무렇지 않은 듯이 하는 게 좋을 겁니다. 그리고 욕설을 퍼부을 때는 공공연하게 해야 합니다. 그러면 독이 적게 퍼진다고 생각합니다.

악인정기 惡人正機

저는 세상에 절대적인 가치관은 존재하지 않는다고 생각합니다. 그렇다면 애초에 선이나 악이라는 건 어떤 것일까요? 사람은 옛날부터 선과 악에 대해 생각해왔습니다. 영원한 주제라고 해도 좋겠지요. 여기서는 정토진종淨土眞宗의 개조 신란親鸞(1173~1263)의 생각에 따라 선과 악에 대해 생각해보고자 합니다.

저희 집안의 종교는 신란교, 즉 정토종에서 갈라져 나온 정토진종이었습니다. 신란은 스승인 호넨法然(1133~1212)에게서 갈라져 나와 정토진종을 만들었습니다. 호넨의 직계인 사람이 정토종을 이어받았고 지금도 정토종은 있습니다.

정토진종이 집안의 종교였기 때문에 어렸을 때부터 장례식이나 법회에서 스님이 읽는 경을 들었습니다. 하나는 신란의 '정신게正信偈'라는 정규 경이고 또 하나는 렌뇨蓮如 (1415~1499)의 '백골의 장白骨の御文章'이라 불리는 것입니다.

'정신게'는 경이지만, 렌뇨의 '백골의 장'은 보통의 문장으로 "아침에 홍안을 자랑하던 몸도 저녁에는 백골이 된다"고 말합니다. 그것을 듣고 굉장한 것을 말하는구나, 하고 생각했습니다. 그런 분위기에 익숙했던 것도 신란에게 흥미를 가진 이유일지 모르겠습니다.

유이엔唯円(1222~1289)이라는 제자가 편집했다고 하는『탄이초歎異抄』라는 책이 있습니다. 이것도 술술 읽어 내려가는 보통의 문장으로 쓰여 있어 이해하기 쉬운데, 이것을 읽어보면 현대의 일본에 딱 들어맞는 점이 아주 많습니다.

『탄이초』는 신란의 말을 모아놓은 것인데, 예컨대 잘 알려진 것은 "악인도 왕생한다, 하물며 선임임에랴"라는 문장입니다. 정당하게 말하자면 악인이 왕생할 정도라면 선인이 왕생하는 것은 당연하다고 해야 할 텐데 반대로 표현을 하고 있습니다. 다시 말해 선인조차 왕생한다는 것입니다. 그러므로 악인이라면 더더욱 정토에 왕생한다는 것입니다. 이런 역설적인 표현을 하는 심경이 저에게 딱 와 닿았고, 그것이 신란에게 깊이 파고든 원인이었습니다.

『탄이초』에는 다음과 같은 이야기도 있습니다. 교토에 은거

한 신란을 간토閑東의 제자들 열 몇 명이 국경을 넘어 찾아왔을 때의 일입니다. 신란은 이렇게 말합니다.

"너희들 열 몇 명이 목숨을 걸고 국경을 넘어 나를 만나러 온 것은 정토진종의 염불왕생의 요체를 듣고 싶어서일 것이다. 하지만 나는 그런 것은 아무것도 모른다. 다만 호넨이라는 스승이 염불을 외면 극락 또는 천국에 갈 수 있다, 왕생할 수 있다고 했고 나는 그 말을 믿을 뿐이다.

교의상의 모순이나 문제를 들을 생각으로 온 거라면 나를 찾아와도 아무 소용이 없다. 히에이잔比叡山이나 고야산高野山에 가면 학문이 있는 훌륭한 스님이 많이 있으니 그곳으로 가서 들으면 된다. 나는 그저 호넨이 말한 것을 믿고 지옥에 떨어져도 어쩔 수 없다고 생각하며 그것에 따라 염불하면 왕생할 수 있다는 것을 말 그대로 믿고 있을 뿐 나는 아무것도 모른다."

이것 역시 역설이라면 역설입니다. 호넨도 그랬습니다만 신란도 히에이잔에서 십 몇 년간 수행한 우등생입니다. 그러나 "나는 염불밖에 모른다. 교의상의 모순이나 문제라면 히에이잔이나 고야산에 가서 들어라. 나는 설사 지옥에 떨어진다고 해도 호넨이 한 말을 믿고 있을 뿐"이라고 말합니다.

그렇게 역설적으로 말하는 것을 젊을 때는 잘 알 수 있을 것 같아 전후戰後가 되어서도 계속해서 신란을 깊이 파고들었던 것입니다.

신란의 미래성

그렇게 되자 여러 가지 것들을 알게 되었습니다. 호넨은 계율을 지키는 반듯한 스님이고 히에이잔 제일의 수재라고 일컬어진 사람입니다. 하지만 신란은 생선을 먹어도 되고 생물을 먹어도 되며 아내를 얻어도 된다고 함으로써 스님으로서의 계율을 모조리 깨부순 사람입니다.

에치고越後로 유배되어 "솔직히 말하면 나는 스님이 아니다. 그러나 속인도 아니다. 나는 그런 사람이다"라고 말했습니다. 에치고에서 호족의 딸이었던 에신니惠信尼와 결혼하고 신란 특유의 사상을 만들어내기까지 수행을 한 모양입니다. 그리고 사면을 받자 교토로 돌아가지 않고 간토 일대에서 포교하며 독특한 정토진종을 만들어냈습니다.

신란의 가르침 중에서 특징적인 것은 "수행하면 정토, 천국에 갈 수 없다"고 말한 점입니다. 수행을 해서는 안 된다는 것이지요. 승려가 하는 수행을 하면 정토, 천국에 갈 수 없다고 한 것입니다.

그리고 또 한 가지, 굳이 말하자면 이것도 굉장하다고 생각하는데 '정토', 즉 그리스도교에서 말하는 천국은 실체로서 없다고 말한 것입니다. 그것을 어떻게 이해하고 어떻게 해석할지는 사람에 따라 다르겠지만 "평생 동안 한 번이라도 염불을 외면 정토에 갈 수 있다. 다만 정토는 어딘가 높은 곳에 있다고 생각할지 모르지만 실체로서 그런 것은 없다"고 말했습니다.

신란은 '재료로서料として 서방정토의 아미타불은' 하고 '재료로서'라는 말을 쓰고 있습니다. 지금 말로 어떻게 번역해야 좋을지 모르겠지만 '수단'이라는 뜻과는 좀 다른 것 같습니다. 정토를 하나의 '방편ょすが'으로 설정했으며 실제로 그것이 있는 건 아니라고 그는 해석했습니다.

저는 원래 신앙이 없지만 신란은 불교를 거의 신앙이 없는 것에 가까운 데까지 가져갔습니다. 계율도 모조리 없었습니다. 의식적으로, 자각적으로 그렇게 한 것입니다. 그런 점은 보통의 스님, 그리고 스승인 호넨과도 현격하게 다릅니다.

종교를 귀족이나 사무라이를 위해서만이 아니라 일반 사람들의 것으로 해야 한다는 생각에 호넨은 히에이잔에서 내려와 염불종인 정토종을 열었습니다. 신란에게 그것은 당연한 것이었습니다. 나아가 그는 불교의 가르침을 다음과 같이 바꿨습니다.

"수행 같은 걸 해도 정토에 갈 수 없다. 정토는 실체가 아니기 때문에 가지도 못하고 안 가지도 못한다. 다만 비유해서 말하자면 천황의 아들인 황태자가 다음 천황이 되는 것은 정해져 있다. 그래서 천황을 정토라고 비유하자면, 사람은 정토에 가는 것이 정해져 있는 황태자라는 지점까지는 갈 수 있다. 하지만 그것은 천황 자체가 아니기 때문에 죽으면 곧바로 거기에 갈 수 있는 것이 아니다. 다만 죽을 때까지 진심으로 염불을 외면 그곳에 갈 수 있다."

적어도 수행을 쌓아 서서히 깨달음을 얻어 나가면 내세에 갈 수 있다는 것은 아닙니다. 염불이라는 것은 젊을 때 진심으로 한 번 외우기만 하면 됩니다. 선행을 쌓자, 수행을 하자, 이렇게 생각하지 않아도 됩니다. 절을 세울까, 근사한 불상을 만들까, 이런 생각을 하지 않는다면 천국에 갈 수 있다는 말을 한 것입니다.

어떤 의미에서 불교에 최후의 일격을 가한 사람입니다. 과연 그런 생각이 좋을까요, 나쁠까요? 천태종天台宗이나 구카이空海(774~835)가 일으킨 진언종眞言宗 등 여러 종파가 있기 때문에 다른 종파의 사람은 신란의 생각을 결코 좋다고 말하지 않습니다. 그러나 근대 이후 일본의 지적인 사람들에 따르면, 다른 것은 종교지만 신란의 생각만은 종교에 최후의 일격을 가한 종교라고 해석합니다. 저에게는 그것이 굉장히 매력적입니다.

신란은 '자연법이自然法爾'*라는 말을 만들었는데, 이는 선악을 생각하기 이전의 일로 우주의 자연 그대로가 좋다는 발상입니다.

신란이 하는 말이 진리에 가깝다고 여겨지는 것은, 지금의 스님들이 결국 모두 신란과 같은 것을 하고 있다는 데서도 알수 있습니다. 그것 하나만 봐도 신란이 말한 것이 진리에 무척가까웠다고 말할 수 있겠지요.

율령제의 승니령僧尼令**이 정한 계율을 모두 깨버리지 않았습니까? 이제 그런 것은 단지 형해로서만 존재합니다.

저는 신앙이 없습니다만, 중세에 신란이 우리 같은 속세의인간도 '이건 충분히 알겠다'고 하는 데까지 단언하고 끝까지해낸 것은 스님으로서 이단에 해당합니다.

당시 히에이잔에서 사이초最澄(767~822)가 연 천태종의 고전적인 신자, 예컨대 니치렌日蓮(1222~1282) 같은 스님은 호넨

---

* 인위를 가하지 않고 일체의 존재는 자연스럽게 진리에 맞는다는 뜻이다. 신란은 이를 염불신앙에 적용하여 인위를 버리고 전부 부처에게 맡긴다고 했다.
** 718년 불교를 율령국가 체제에 편입시키기 위해 만든 승니 통제의 법령.

의 문하에 있는 사람을 깎아내렸습니다. 스님의 모습을 하고 있지만 가짜라는 의미에서 '독인禿人'*이라고까지 했습니다. 당시 사람들에게 신란은 터무니없는 말을 하는 사람으로 보였겠지요.

하지만 지금 보면 '보라, 스님들 모두 그대로 되었잖은가'라고 말할 수 있게 되었습니다. 신란은 미래성을 가진 사람이었습니다.

선·악 어느 쪽을 우선하여 생각할까

선악 중 어느 것을 우선하여 생각해야 할까요? 이를 생각하기 위해서는 신앙의 유무가 큰 문제가 됩니다. 신란은 당연히 신앙을 가진 사람이어서, 저로서는 그것이 이해하기 힘든 점이긴 합니다.

선인이 천국에 갈 수 있다면 악인은 말할 것도 없이 갈 수 있습니다. 그런 생각은 전적으로 맞는다고 생각하지 않았을까

---

* 머리를 깎고 외견만은 출가자의 모습을 했지만 계율을 어기고 가르침을 따르지 않는 자, 또는 생활만을 위해 중이 된 자를 매도하는 말.

요. 이치로 보면, 요컨대 선인은 구제를 필요로 하지 않습니다. 하지만 인간이 구원을 필요로 한다고 하면, 그것은 어딘가 악을 갖고 있기 때문이라는 생각이 바탕에 있을 겁니다.

이런 생각을 받아들여 "악인이 천국에 갈 수 있는 거라면 의식적으로 나쁜 일을 해도 되지 않겠는가"라며 일부러 나쁜 일을 하는 제자들도 있었습니다. 그것을 조악론造惡論이라고 합니다. 그것에 대해 신란은 "그럼 좋은 약이 있다고 해서 일부러 병에 걸리거나 다치기라도 한다는 말이냐. 그런 짓은 하지 않을 것이다. 그러니 일부러 저지른 악은 안 된다. 무의식중에 나쁜 일을 저질렀다거나 저절로 그렇게 되어버렸다고 하는 악인은 반드시 구원받는다"라는 생각으로 응합니다.

의식적으로 일부러 저지른 악은, 좋은 약이 있다고 해서 일부러 걸리는 병과 같다는 것이지요. 사람은 그런 일을 하지 않고, 그것은 성립하지 않습니다. 병에 걸린 사람이 좋은 약을 먹으면 듣겠지만, 병에 걸리지도 않은 사람에게는 약이 필요하지 않습니다.

그렇다면 병도 포함해서 악과 비슷한 것이 왜 존재할까요? "인간에게는 다양한 욕망이 있다. 이 현실 사회는 욕망의 고향 같은 곳이어서 집착이 있어 좀처럼 사라지기 힘든 것이고, 욕망 자체가 그리운 경우가 있다. 그러므로 빨리 정토에 가겠다는 생각이 들지 않는다"는 것이 신란의 사고일 것입니다.

또한 『탄이초』에서 신란은, 사람은 왜 악을 행할까 하는 것에 대해서도 언급합니다.

"어느 날, 신란이 유이엔에게 '너는 내 말이라면 뭐든지 듣겠느냐?' 하고 물었다. 유이엔은 '스승님이 하는 말은 뭐든지 듣겠습니다' 하고 대답했다. 그러자 신란은 '그럼 사람을 천 명만 죽여봐라'라고 했다. 유이엔은 솔직히 '아니, 사람을 천 명이나 죽이라고 하시지만 한 사람을 죽일 만한 생각도 들지 않고 그럴 만한 도량도 없기 때문에 그것은 할 수 없습니다'라고 대답했다. 신란은 '방금 내 말은 뭐든지 듣겠다고 하더니 금세 거스르지 않느냐. 그런 식으로 업보의 인연이 없으면 한 사람의 인간조차 죽일 수 없는 법이다. 하지만 업보의 인연이 있을 때는 한 사람도 죽일 수 없다고 생각하면서 천 명을 죽이는 일도 있을 수 있는 거다'라고 말했다."

업業은 기연機緣이라고 번역하지만 불교 용어로는 업연業緣, 즉 업보의 인연이라고 말합니다. 다시 말해 혼자일 때는 단 한 사람도 죽일 수 없는데도 예컨대 전쟁이 벌어지면 백 명, 천 명을 죽일 수 있습니다. 그것은 그 사람 자신이 나쁘지 않아도 기연에 의해 천 명을 죽이는 일도 있습니다. 그러므로 악이라서 구원받지 못하고 선이라서 구원받는다는 생각은 틀렸다는 것입니다. 이는 굉장히 좋은 표현인 것 같습니다.

일방적인 관점으로 보는 위험성

옴진리교의 도쿄 지하철 사린 사건이 일어났을 때 신란의 영향을 받은 저의 사고에서 보자면, 비판하든 인정하든 옴진리교의 개조인 아사하라 쇼코麻原彰晃(1955~2018)의 마음을 살펴 일차적으로 무슨 생각으로 그런 사건을 일으켰는지 해명해야 한다고 말했습니다.

그런데 그런 방법을 취한다는 사실만으로 저는 사람들의 분노를 샀습니다. 요시모토 타카아키는 아사하라 쇼코를 옹호한다는 기사가 나온 것이지요.

저는 그런 말은 한마디도 하지 않았고 아사하라를 단순한 흉악범으로 정리해버리는 것은 이상하다, 종교가로서 어떤 사고방식을 가졌고 무슨 생각으로 지하철 사린 사건을 일으켰는지를 해명하지 않으면 심판하는 것도 비판하는 것도 아니라는 것을 말했을 뿐인데 제가 아사하라 쇼코를 응원한 것이 되어버렸습니다.

그런 기사에는 물론 항의를 했습니다. 비판에 대해서는 글을 썼고 "이렇게 터무니없는 일은 없다"고 말했습니다. 다만 저의 진짜 심정에서 말하자면, 아사하라 쇼코라는 사람은 잠자코 있지 말고 우리 종교는 이렇고, 그래서 자신은 이렇게 생각하여 그런 일을 실행했으며, 그랬더니 자신이 생각했던 것보다 훨씬 엄청난 결과를 낳고 말았다든가 하는 것에 대해 재판 마지막에 그 의도를 분명히 밝혀주기를 바랐던 것입니다. 저는 특별히 변호하고 싶지도 않고 긍정하고 싶지도 않습니다.

다만 종교가로서 어느 정도의 사람인지, 그것을 밝히는 것이 우리 같은 일을 하는 사람의 의무라고까지는 말하지 않더라도 진심으로 해야 할 일이라고 생각했던 것입니다. 법률상으로는 단순한 흉악범일지도 모르지만 어떤 의도가 있었는지, 아니면 교의상 '우리에게 반대하는 놈들은 모두 죽여도 좋다'라고 생각하게 되었는지, 아무튼 그것은 잘 모르겠지만, 종교는 원래 무서운 것입니다.

일본에서 말하자면 실제로 천태종의 승병이 언월도를 들고 가마를 짊어진 채 호소를 강행하는 일도 일어났습니다.

그러므로 아사하라 쇼코도 교의에 기초해서 했더니 생각지도 못한 크기가 되어버렸다는 것인지, 아니면 단지 '해치워!'라는 것이었는지, 그것은 당사자가 확실히 밝혀주지 않으면 다른 사람은 말할 수 없는 단순한 소문이 될 뿐입니다.

다시 말해 종교가로서 아사하라 쇼코는 어느 정도의 사람이고 무슨 생각으로 그런 일을 했는지 알고 싶었습니다. 그것을 모르면 우리는 판단도 할 수 없는 점이 있기 때문입니다.

바로 얼마 전에 내려진 '사형'이라는 법원의 판결도 어차피 이 작자가 대장이니 명령을 내렸을 게 틀림없다는 식으로 진행된 것 같습니다.

하지만 사실 누구에게 명령하고 누구에게 실행하게 했는지, 그 결과 이만큼 사망자가 나오고 후유증을 앓고 있는 사람이 있다는 것이 모두 결부되지 않으면 좀처럼 한 사람을 유죄로 판결할 수 없을 것입니다.

제가 신문에서 보는 한 아직 완전히 증명되지 않은 것 같습니다. 그러나 증명의 여부에도 불구하고 결과적으로 이만큼 큰 사건이 되었고 여러 명이 사망했기 때문에 그것만으로 사형 판결이 나올 거라고 느끼기는 했습니다.

사실은 종교가로서의 말이 있으면 좋겠지만, 그것이 없다면 단지 법률적으로 심판했다는 것이 될 뿐입니다.

희생자 가족이나 부상을 당해 후유증을 앓고 있는 사람을 포함하여 악 쪽도 보지 않으면 충분하지 않습니다. 그렇다면 좋은 일만 말하는 것과 조금도 다르지 않은 게 아닐까요.

2

비평안에
대하여

'좋은 것'은 좋아하고 싫어하는 것만으로
판단할 수 없는 뭔가를 갖고 있다

저는 처음에 시를 썼습니다. 그런데 저의 시는 뛰어난 시가 아닌 것 같았습니다. 이치만 따지는 점이 있어 시를 쓰면 무의식적으로 드러나야 할 문제가 별로 나오지 않았습니다. 의식을 하면 문제가 나오기는 하지만, 저의 시에서는 무의식중에 형성된 자문자답 같은 것이 나오지 않습니다. 저는 그것이 불만이었습니다.

저 자신에 대해 그런 불만이 있었기 때문에 다른 사람의 작품을 볼 때 어디가 좋지 않은지를 보는 비평안이 싹튼 것이 아닐까 싶습니다.

애초에 좋은 작품, 나쁜 작품이라는 것은 없겠지만, 그래도 굳이 좋은 작품이라는 것은 거기에 표현되어 있는 마음의 움직임이나 인간관계를 독자로 하여금 그 자신밖에 알 수 없다고 생각하게 하는 작품입니다. 이 사람이 쓰는 이런 것은 자신밖에 알 수 없다고 생각하게 했다면 그것은 일급 작가일 것입니다. 무척 심플한 구별법이라고 해도 좋겠지요.

그것은 예컨대 소설에 그려진 사건이 현대풍이고 재미있다는 것과는 좀 다른 이야기입니다. 요즘 사건을 그리면 나름대로 재미있을지도 모르지만, 그 작품이 독자에게 '이건 나밖에 알 수 없어' 같은 느낌을 제대로 줄 수 있는지의 여부는 다른 문제입니다. 작품이 좋은지 나쁜지는 소설에 그려진 사건의 재미나 좋은 점만이 아니라고 할 수 있겠지요.

요컨대 문학작품이 좋다는 것은 의미의 흐름만이 아니라 뭔가를 느끼게 하는, 말하자면 문체의 표현적인 가치 같은 것일지도 모릅니다. 그런 것까지 포함하여 독자에게 느끼게 하는 것이 있다면 일류 작가라고 할 수 있지 않을까요. 작품을 읽은 모든 사람이 '나밖에 알 수 없어'라고 느낀다면 보편성이 있는 거라고 볼 수 있습니다. 또는 이런 느낌은 자신밖에 알 수 없을 거라는 미묘한 마음의 움직임이 제대로 드러났다면 일류라고 말해도 좋을 겁니다.

그 정도까지는 아니더라도, 독자에게 같은 시대를 살아가는 사람은 잘 알 수 있을 거라는 인상을 전할 수 있다면, 그것은 다소 좋은 작가라고 할 수 있습니다.

이 두 가지 유형에 포함되지 않는 작가는 아주 평범한 작가일 거라고 생각합니다. 만약 이 사람은 처음부터 남을 기쁘게 해주려고, 감동시키려고, 공감하게 하려고 썼다는 느낌이 든다면 저는 '좋지 않다'고 판정합니다. 그렇게 일방적으로 단정하는 것은 바람직하지 않을지도 모르지만, 그런 작품을 쓰는 작가는 마치 개그맨이 남을 웃기는 것을 직업이라고 생각하는 것처럼 베스트셀러를 의식해서 독자를 감동시키는 것을 직업이라고 생각하고 있기 때문입니다.

'좋지 않다'고 해도, 읽으면서 순간적으로 감동하거나 재미있다고 생각하는 일이 있습니다. 하지만 그런 작품은 다소라도 시간을 오래 잡고 읽거나 몇 년쯤 지나 읽으면 시시한 것을 썼구나, 하는 생각이 들게 합니다.

반대로 좋은 작가는 많은 사람에게 '나밖에 모를 거야'라고 생각하게 하는 경우입니다. 한 사람 한 사람은 '나밖에'라는 느낌을 갖는데, 그런 사람이 아주 많은 거지요. 그런 작품을 쓰는 사람은 시대가 지나도 좀처럼 사라지지 않는 작가라고 할 수 있습니다. 인간으로서의 보편적인 심리를 잘 포착했다고도 할 수 있겠지요.

메이지 시대 이후의 작가를 말하자면, 모리 오가이森鷗外 (1862~1922)와 나츠메 소세키夏目漱石(1867~1916)에게는 그런 생각을 하게 하는 점이 있습니다.

독자로 하여금 '이 마음의 움직임은 나밖에 모를 거야' 또는 '나밖에 체험한 적이 없어'라고 생각하게 하는 것입니다. 그런데 그렇게 '나밖에'라고 생각하는 사람이 꽤 많은 겁니다. 소설가든 시인이든 쓰는 것을 직업으로 하는 사람의 묘미란 그런 게 아닐까요. 사람들은 대부분 그런 묘미를 바라서 소설가가 되거나 글을 쓰거나 하겠지만, 좀처럼 맛볼 수는 없습니다.

우리 세대에 그런 묘미를 맛본 사람으로는 다자이 오사무가 있습니다. 다만 그의 경우는 '나밖에 모를 거야'라는 게 아니라 전쟁이 끝난, 또는 전쟁에 패배한 후의 상황, 그 양쪽을 동시에 체험한 세대가 아니면 그 기분을 알 수 없다고 생각하게 하는 작가입니다. 이 사람의 작품은 앞으로도 상당히 오랫동안 살아남지 않을까요. 전후戰後의 작가로는 다자이 오사무 외에 다케다 타이준武田泰淳(1912~1976) 정도가 아닐까 싶습니다.

이 두 사람은 대단한 작가입니다. 사람에 따라 호불호가 있겠지만, 그 호불호만으로 판단할 수는 없습니다. 이 작가들은 그것만으로 정리해버릴 수 없는 것을 갖고 있습니다. 시간이 더 지나면 어떻게 보일지 아직은 잘 모르겠지만, 이 두 사람 이외의 작가는 '이 작가는 좋아하지만, 이 작가는 좋아하지 않는다'는 말로 대충 정리해버리게 되지 않을까요.

　문예비평에서 가장 중요한 점은 이런 것을 판단할 수 있는가 어떤가 하는 점입니다. 다시 말해 기본적으로 독자에게 '나밖에 모르는 것이다' 또는 '나와 작자밖에 모른다'고 생각하게 하는 작가도 있고 '우리 세대밖에 모른다'고 생각하게 하는 작가도 있다는 걸 판단할 수 있고, 그런 것을 글로 표현할 수 있다면 비평을 해서 먹고 살 만하지 않을까요. 그것은 아마 소질 문제가 아니라 읽기의 깊이나 그 사람이 갖고 있는 시대성, 다시 말해 주위의 작은 환경에서부터 사회의 커다란 환경까지를 포함한 여러 가지 것들을 정신적으로 체험하는 것이 필요할지도 모릅니다. 그것이 문예비평가의 가장 기본적인 조건일 거라고 생각합니다.

　저는 문예비평을 통해 작가나 작품을 자세히 보게 되었습니다. 설령 대체적인 평가가 정해진 작품이라도 다시 한번 자신의 눈으로 확인해봅니다. 그리고 저 나름의 관점을 가다듬어서 보이지 않았던 것이 보이게 되는 일도 있습니다. 비평이라는 것은 사물의 본질을 꿰뚫어보는 데 필요한 최소한의 방법이라고 생각합니다.

심플한 판단 기준

저의 문예비평 방식은 앞에서도 말한 대로 매우 심플합니다. 대체로 심플한 기준을 자신 안에 갖고 있으면 첫 번째 이점으로는 주변에 휘둘리는 일이 적어진다는 점입니다.

주변에 휘둘린다는 점에서 가장 예민해지는 것은 소문이나 평판 같은 유입니다. 저는 남의 소문이나 평판은 일단 그것이 사실인지 어떤지 확인하려고 합니다. 그리고 거기서 중요한 것은 자신을 일반 사회 안에 살고 있는 보통 사람이라는 위치에 놓는 점입니다.

예컨대 자민당의 고이즈미 준이치로小泉純一郎(1942~)가 2005년의 총선거에서 큰 승리를 거두었을 때의 일을 생각해봅시다. 그때 신당일본新党日本의 대표 다나카 야스오田中康夫(1956~) 같은 사람은 진보적인 자신들 쪽에 표가 몰릴 거라고 생각했지만, 표는 오히려 다른 쪽으로 떠난 결과를 낳고 말았습니다.

그것은 왜일까요. 신문기자 중에는 이런 내막이 있어 그렇게 되었다고 저에게 알려준 사람도 있었는데, 저는 그런 이야기를 신용하지 않습니다. 저는 일반 사회의 신문기사로 나오는 것밖에 믿지 않습니다.

다시 말해 소식통은 알고 있지만 일반 사람이 모르는 정보는 저에게 의미가 없으며 누구나 알 수 있는 재료밖에 사용하지 않습니다. 소문이나 평판으로 남의 일에 대해 이러쿵저러쿵하고 싶지는 않습니다. 그런 마음가짐만은 갖고 있습니다.

지인인 신문기자가 2006년 4월에 있었던 치바千葉 7구의 보궐선거 때 민주당의 당수가 된 오자와 이치로小澤一郎(1942~)에 관한 비화秘話를 알려주었을 때는 역시 그렇구나, 하고 생각했습니다. 그래도 그 비화는 저의 판단 재료에 들어가지 않았습니다. 여기서 어떤 비화였는지를 쓰게 되면 문제가 될 것이라 쓸 수는 없지만, 과연 소식통은 자세히 알고 있구나, 하고 자신도 모르게 감탄할 만한 이야기였습니다.

제가 생각하기에 치바 선거에서 민주당이 승리한 최대 이유는 민주당 대표가 된 오자와 이치로가 지금까지의 이미지를 바꾼 데 있습니다. 만약 좌익적인 사고를 가진 사람이었다면 자신이 권력을 가졌을 때 선거에서 대항마로서 싸웠던 사람을 중요한 자리에 앉히는 일은 하지 않았을 것입니다.

하지만 오자와 이치로는 간 나오토菅直人(1946~)*를 대표 대

---

* 2010년 94대 총리가 되었다.

행으로 하고 하토야마 유키오鳩山由紀夫(1947~)*를 그대로 간사장에 유임시켰습니다. 국민 쪽에서 보면 어쩐지 지금까지의 민주당 이미지와는 달라진 것 같아 기대감이 부풀어 오른 것이 그 결과로 이어졌다고 생각합니다.

또 하나의 이유로서 텔레비전에서 다나카 마키코田中眞紀子(1944~)**가 오자와 이치로는 훌륭한 사람이고 자신은 진심으로 존경하고 있다고 말한 것을 들 수 있지 않을까요? 승리한 요인은 이 두 가지가 아닌가 싶습니다.

소식통인 사람은 비화를 열심히 이야기했지만 저는 그런 것을 그다지 인정하지 않습니다. 저는 그런 특수한 자리에 없으니 일반 사람들에게 전해지는 정보만으로 생각합니다. 그러면 어떤 경우에는 일치하지만 어떤 경우에는 다르기도 합니다.

다나카 마키코에 대해서는 그녀가 예전에 여성 자민당 후보자를 응원하러 갔을 때 그 후보자가 친밀한 듯이 어깨를 닿았을 때 그것을 거부하는 태도를 취한 것이 텔레비전에 비친 적이 있었습니다. 그것이 다나카 마키코의 평판을 떨어뜨렸다는

---

* 2009년 93대 총리가 되었다.

** 총리를 지냈던 다나카 카쿠에이田中角榮(1918~1993)의 딸로 2001~2002년 외무대신을 지냈다.

것이 소식통의 견해였습니다. 하지만 저에게는 그렇게 의도적으로 한 것처럼 보이지 않았습니다. 여자가 '뭐예요' 하고 말하는 정도의 일로 보였습니다. 소식통인 사람은 뭐든지 과장해서 사건으로 만들고 싶어 하는 경향이 강한 것 같습니다.

비서의 급여를 유용했다는 의혹을 둘러싼 문제가 일어났을 때도 다나카 마키코는 완전히 공격당하는 상태까지는 가지 않았습니다. 그런 것도 대강 알고 있는데, 그 사람은 매스컴이 공격할 만큼 큰 실수를 하지는 않았던 것 같습니다.

외무대신이 되어 외무 관료를 잘랐을 때도 외무성은 너무 거만하게 구는 작자들뿐이라 할 수 있으면 좋겠다는 정도로만 생각했습니다. 일반 사람들도 아마 그렇게 생각했겠지요.

또인 힌때 사생활에 관한 것도 여러 가지로 기사로 난 적이 있습니다. 확실히 그런 사람일 거라는 걸 알 수 있습니다. 부자였으니까 필요 이상으로 제멋대로 자라서 사람을 다루는 게 거칠겠지요. 주간지에 쓰인 것 같은, 일상생활에서의 감각이 보통 사람과는 상당히 거리가 있으리라는 것은 알고 있지만, 그것은 그 사람의 정치적 생명을 좌우하는 것과는 관계없는 일입니다.

일본의 정치가들 중에서는 상당히 성실한 입장을 취해온 사람이고, 하려는 일도 진지합니다. 그런 의미에서는 견실한 사람이라고 말해도 좋겠지요. 아마 아버지의 교훈에 의한 것이 아닐까, 하고 저는 생각합니다.

그러므로 저는 다나카 마키코라는 사람이 아직은 과거의 사람이라고는 생각하지 않습니다. 어쩌면 다시 한번 총리대신 후보로 나오지 않을까 싶습니다.

그러므로 치바의 보궐선거 때 다나카 마키코에게 오자와 이치로에 대한 평가를 하게 한 것은 민주당이 국민의 호감을 올린다는 의미에서 굉장히 중요한 점이었다고 생각합니다. 그 판단은 소식통인 사람이 한 말과 크게 다를 것입니다.

소식통인 사람은 일반 사람이 알 수 없는 것을 알고 있는 사람으로서 과대평가하기 쉽습니다. 하지만 그들이 갖고 있는 것은 개인의 정보와 소문이 섞인 정도의 것이고, 실체는 그다지 대단한 것이 아닙니다.

신변의 느낌을 소중히 한다

저는 일반적인 정보를 신문이나 텔레비전에서 얻고 있다고 했는데, 가장 중시하는 것은 자신이 직접 느끼는 분위기랄까 제 주변에서 느끼는 인상입니다. 신문이 아무리 일본의 경기가 회복되는 기조라며 데이터를 보여주며 말해도, 그건 아니라고 생각할 때가 있습니다. 대기업이 충분히 구조조정을 해서 흑자로 돌아서고 있는 것은 사실이겠지만, 제가 살고 있는 동네를 보면 실정을 금방 알 수 있습니다.

중소기업이나 개인 상점은 아주 참혹합니다. 바로 개점휴업 상태라고 해도 과언이 아닙니다. 가게를 닫을 수도 없고, 연다고 해도 손님이 적어 이익이 나지 않습니다. 근처의 약국 같은 곳은 그런 상태입니다.

근처에서는 건물을 짓는다는 이유로 개인 기업이 퇴거당하는 곳도 있습니다. 중소기업이나 영세 기업이 심각한 불경기라는 것은 쇼핑을 하는 사람은 다들 알고 있지만, 신문은 그런 것을 그다지 기사화하지 않습니다.

저에게는 자신의 눈에 보이는 범위가 판단 재료입니다. 구체적으로 말하자면 옛날의 고지대 주택지구와 저지대의 서민 동네 중간에 위치한 지금의 주거와 저의 본가 주변의 상황입니다. 그다지 남에게 번거로운 일을 당하지 않는 자신의 실감과 체험, 그리고 장소의 특성으로 판단합니다. 그것으로 충분한 점이 꽤 있습니다.

그렇다고 해도 사회의 큰 경기 동향에 대해서는 실감이나 경험과 분리하여 판단합니다. 물론 대기업의 경기가 회복되었다는 것은 정보로서 알고 있고, 은행은 불량 채권을 세금으로 보조받아 상당히 회복되었다는 것도 염두에 두고 있습니다.

그래도 중소기업이나 개인 기업은 회복하고 있는 것으로 보이지 않습니다. 경기 회복은 아무리 봐도 중산층의 하층이나 중층 언저리까지는 미치지 않은 것 같습니다. 이번 불황이 닥치기 전까지는 일본에서 80퍼센트에서 90퍼센트의 사람이 자신을 중산층이라고 인식하고 있었다고 합니다.

최근에는 '격차 사회'라는 말을 꽤 사용하게 되었고 그런 의식도 변해온 것 같은데, 그래도 아직은 유럽의 큰 부자와 그렇지 않은 사람의 격차와는 비교할 바가 못 됩니다.

일본 사회의 특징은 사람들을 계층으로 나눌 경우 직사각형의 상자가 중산층이고 그 안에 상중하의 구별이 있습니다.

그리고 직사각형 위에 큰 부자가 조금 있고 아래로는 노숙자 같은 사람들이 약간 있는 구조입니다.

이는 그다지 새로운 틀이 아닙니다. 야나기타 쿠니오柳田國男(1875~1962)에 따르면, 일본의 농촌은 비슷비슷한 작은 지주가 많고 소작인이 있는 것이 특징입니다. 그는 민속학자로 알려져 있지만 그 전에는 농정학자農政學者였습니다. 전문인 농정학 연구를 위해 전국을 다니며 조사를 진행했는데 자신의 관찰을 기초로 그렇게 말한 것입니다. 그리고 지금도 일본 사회의 그런 특징은 없어지지 않아 직사각형 안에 인구의 대부분이 들어가 있습니다.

현재 중산층이라는 직사각형을 셋으로 구분했을 때 아래쪽 둘인 중급과 하급은 아직도 경기 회복의 혜택을 받지 못하고 오히려 어려운 상태에 놓여 있습니다. 경기가 회복되어가면 그런 곳의 급료도 조금씩 좋아지겠지만, 아직 그런 징후는 실감할 수 없습니다.

비평안을 연마한다

제가 비평안을 연마하기 위해 해온 것은 그저 생각한다거나 책을 읽는 것만이 아니라 몸의 움직임과 결합하여 수련하는 일입니다.

예를 들어 걸으면 뜻밖에 좋은 생각이 떠오르는 일이 있습니다. "걸으며 쓰인 글이 아니면 읽을 마음이 들지 않는다"라는 니체의 말이 있는데, 바로 그 말대로인 것 같습니다.

걸으며 생각하는 것은 다리를 사용하는 움직임인데, 손을 쓰는 것 또한 수련의 한 방법입니다. 감명 받은 부분이나 마음에 걸리는 부분을 초록하며 읽거나 재미있는 것을 재확인하듯이 쓰며 읽는 것도 수련이 되는 것 같습니다.

손발을 쓰지 않고 머리만 써도 되지 않느냐고 생각할지 모르지만 그렇지 않습니다. 머리를 쓰는 기억이라는 작업은 보존 기간이 너무 길거나 너무 짧습니다. 그 때문에 머리를 쓰는 것은 감각을 보존하거나 그것의 의미를 보존하기에는 적합한 작업일지도 모릅니다. 하지만 비평안을 연마하기 위한 수련에는 아무래도 머리만으로는 힘이 부족합니다.

확실히 초록을 하건 뭘 하건 머리를 쓰는 것에는 변함이 없지만, 그것에 더해 운동성을 담당하는 것과 결부시켜주면 효과가 더 좋아진다고 생각합니다. 그것이 손이어도 좋고 다리여도 전혀 상관없습니다. 아무튼 운동성을 수반함으로써 자신의 자원이 되어가는 거라고 저는 생각합니다.

왜 운동성과 결부시키면 좋은 이유에 대해 저는 흔히 복싱을 예로 들어 설명합니다. 복싱에서 같은 강도의 펀치를 내면 첫 한 방은 효과가 있지만 그 뒤로는 효과가 없어 상대를 쓰러뜨릴 수 없습니다. 하지만 강약의 펀치를 낼 경우 약할 때는 상대를 쓰러뜨릴 수 없지만 약한 펀치 이후에 내는 강한 펀치는 효과가 있어 상대를 쓰러뜨릴 수 있습니다.

문장에서도 그런 펀치의 강약은 중요합니다. 운동성과 함께 수련을 한 사람과 그렇지 않은 사람은 그 부분이 기술적으로 가장 달라지는 점이라고 해도 좋겠지요. 몸을 움직이는 것을 수반한 훈련을 한 사람은 강한 부분과 약한 부분을 교대로 반복하고, 게다가 문장을 리듬감 있게 써나갑니다. 그런데 그런 수련을 하지 않는 사람은 같은 의미의 말을 써도 밋밋한 문장을 씁니다.

우리의 문장이 학식 있는 학자 선생의 문장에 비해 특색이 있다고 한다면 그런 점뿐이라고 해도 좋을지 모릅니다. 지식은 학자 선생이 더 있을지도 모르고, 사실을 정확히 말하는 것은 학자 선생이 더 뛰어날지도 모릅니다. 다만 펀치의 강약을 터득하고 있다는 점에서는 우리의 문장이 더 특색이 있다고 할 수 있겠지요. 이는 비평가만이 아니라 소설가도 마찬가지일 것입니다.

소설의 경우 평론이나 문예비평과 달리 자신의 체험을 논리로서 쓰는 것만이 아니라 자신을 일단 극화하거나 드라마화하는 요소가 필요합니다. 그런 점에서 학자 선생은 무엇보다 정확하다는 것을 주안점으로 삼기 때문에 이 부분도 다른 점이라고 생각합니다.

독자에게 '아아, 이건 나밖에 모를 거야' 하고 느끼게 하려면 자신이 자신을 극화하는 객관성을 가질 필요가 있습니다. 바꿔 말하면 자신을 다른 사람으로 만들 수 있느냐 어떠냐 하는 것입니다. 소설가로서는 그것이 창작의 첫 번째 주안점이 되는 게 아닐까요. 비평가에게 극화는 별로 필요하지 않기 때문에 그것은 소설가와 비평가의 다른 점입니다.

자기 평가보다 낮은 평가를 환영한다

비평을 전문으로 하는 사람으로서 자신이 스스로 생각하는 것보다 높게 평가받는 것은 전혀 환영하지 않습니다. 다만 자신이 스스로 생각하는 상태보다 낮게 평가받는 것은 전혀 지장이 없으며 그러는 편이 훨씬 마음 편합니다.

사상계의 거두라거나 하는 호칭은 남이 붙여준 것이고, 자신에 대한 스스로의 평가와는 그다지 상관없는 일이라고 생각합니다. 이것이 제가 느끼는 것이고, 그 외의 것은 남의 일 같다는 생각이 들어 그다지 생각하지 않습니다.

대체로 소설가도 그렇고 비평가도 그렇지만 '무슨 말을 하든 전혀 개의치 않는다'고 할 정도로 자신이 표현한 것이 자신으로부터 떠나가면 타인으로부터 무슨 말을 들으리라는 것은 각오가 되어 있다고 생각하는 게 보통이 아닐까요? 글을 쓰는 사람은 누구든 그럴 것입니다.

반대로 말하면 자신이 쓴 소설이든 시든 수필이든 자신으로부터 떠나지 않은 단계에서는 간수해두는 것이 좋겠지요. 극단적으로 말하자면 남이 읽을지 안 읽을지가 자신에게 중요한 일이라고 생각하는 동안은 타인에게 보여주지 않는 게 좋습니다. 약간 거리를 두고 볼 수 있게 되고 나서 공표하는 것이 더 좋을 겁니다.

애초에 공표된 것은 그 사람에게 어느 정도 자신으로부터 떨어진 것이어서 무슨 말을 들어도 좋다고 생각할 겁니다. 확실히 나쁜 말을 들으면 기가 죽을 것이고 좋은 말을 들으면 기분이 좋아지겠지만 그 이상의 것은 아닙니다.

그러나 중요한 것은 자신으로부터 좀처럼 떨어지지 않습니다. 남에게 보여주는 것도 싫은 일이라고 생각하는데, 문학은 거기서 시작된다고 생각합니다.

자신이 표현함으로써 충족되면 그것으로 된다고 할 때는, 이것은 소중한 보물 같은 것이니 간직해두는 게 좋을 것이고, 실제로 작가는 그렇게 하고 있지 않을까 싶습니다. 이렇게 소중히 간직해두는 것이 있다면 문학의 창작은 성립하지 않을 거라고도 생각합니다.

자신으로부터 떠나 '무슨 말을 들어도 괜찮아'라고 생각하게 되었다면 『군조群像』든 『신초新潮』든 어디든 좋으니 응모하면 됩니다. 지금은 그 주변의 사정이 훨씬 좋아져 누구든 가벼운 마음으로 응모할 수 있습니다.

옛날에는 오랫동안 스승에게 봐달라고 하고 스승이 '좋아, 내가 그 잡지에 소개해주지'라고 하지 않는 한 작품을 발표할 길이 거의 없었습니다.

지금은 어느 잡지든 그에 상당하는 편집자가 미리 읽어 가려내고, 그것을 심사위원이 읽어보는 2단계, 3단계로 하고 있습니다. 그러므로 나쁜 것을 좋다고 말하거나 좋은 것을 나쁘다고 하는 일은 거의 없습니다. 지금은 어느 잡지나 그런 구조를 갖추고 있기 때문에, 그런 면에서는 예전에 비해 무척 좋아졌습니다.

한편 작품을 자신에게서 떼어놓을 수 없을 만큼 소중히 느꼈을 때는 실제로 끌어안고 있는 편이 낫겠지요. 그런 작품은, 말하자면 숨겨놓은 재산 같은 것으로 정신의 보물처럼 느낄 것입니다. 그런 것을 갖는 것은 여러 가지 의미에서 사람을 정신적으로 진보시키는 요인이 됩니다.

기원을 보면 본질을 알 수 있다

사물을 보는 관점에서 말하자면 이미 돌아가신, 도쿄대학에 있던 미키 시게오三木成夫(1925~1987) 씨의 책에서 배운 바가 많습니다. 미키 씨는 도쿄대학 의학부의 해부학 교실에 있었고, 도쿄예술대학에서 오랫동안 교수로도 있었던 분입니다.

미키 씨는 세세한 것을 추적하는 사람이었습니다. 기원이 무엇인가를 추적하는데, 인간의 장기도 그 자리에 그 형태로 있는 것은 이유가 있어서고 환경에 의해 진화했지 우연히 그렇게 된 것이 아니라고 합니다.

예를 들어 폐는 좌우 양쪽에 있고, 심장은 보통 왼쪽에 하나가 있지 둘이 있지 않은 것도 그린 이유라고 합니다. 필연적으로 진화해간 결과 인간의 특징으로 그렇게 되었다는 것을 아주 자상하게 설명하고 있습니다. 저의 관점이나 사고방식은 이런 미키 씨의 사고방식에서 영향을 받은 것입니다.

생물학에서는 심장의 고동이나 폐의 호흡은 자율신경으로 움직이고 있다고 여겨지지만, 미키 씨의 사고에 따르면 그런 인간 몸의 움직임은 인간 안에 있는 식물성의 흔적이라고 합니다. 한편 타율적으로 움직이지 않으면 조절할 수 없는 신경이나 손발의 근육은 인간 안에 있는 동물성의 흔적이라고 합니다.

곧 인간이란 무엇인가, 라고 할 때 동물과 다른 것이 인간이 아니라 식물성과 동물성을 전부 몸 안에 갖고 있고 그 위에 인간의 독자적인 특성을 갖고 있는 것이 인간이라는 사고입니다.

예컨대 혈액의 흐름이나 심장의 고동은 저절로 움직이는 부분이지만 말은 목소리를 내려고 생각하지 않으면 나오지 않기 때문에 이 부분은 인간의 특색입니다. 동물도 임의로는 말을 하고 있고 동료끼리 울음소리로 정확히 소통을 하고 있지만, 인간은 의식적으로 말하는 것이 특징입니다.

말이 되는 것은 그런 의식적인 부분이 있기 때문이라는 겁니다. 그러나 동물은 말하지 않는가 하면 물론 말을 하고, 동물에게 의식이 없는가 하면 그런 게 아니라 의식은 제대로 있습니다. 그런 것을 전부 포함한 상태에서 동물에게 없는 것을 갖고 있는 것이 인간이라는 사고입니다.

미키 씨의 책에는 식물의 나이테 비슷하게 발달하는 것이 인간의 몸에 있다고 쓰여 있습니다. 그것은 어렸을 때 새로 났던 이齒라는 것입니다. 한편 나무의 나이테를 유심히 관찰하면 일주일에 구별할 수 있는, 이를테면 나이테 속의 나이테 같은 것이 있다는 것입니다. 그러므로 일주일, 7일이라는 단위는 상당히 근거가 있는 게 아닐까 하는 이야기도 쓰여 있습니다.

제가 큰 영향을 받았던 마르크스의 사고도 그 근본은 같습니다. 요컨대 우선 기원을 파악하고, 거기에서 경제 관계는 이런 식으로 발달해가고, 사회관계는 이렇게 발달해간다고 인간의 상황에 대해 그야말로 굉장히 알기 쉽고 정밀하게 추적해갑니다.

마르크스는 철학적이기는 하지만 정치적이지는 않습니다. 다소 정치에 관계하여 제1인터내셔널(사회주의 운동의 국제 조직)의 오스트리아 서기가 되어 활동한 시기도 있었지만, 그의 철학 자체는 정치적이 아니라 자연철학입니다.

세계적으로 말하면 마르크스, 일본의 생리학자로 말하면 미키 시게오, 문학자로 말하면 야나기타 구니오, 오리구치 시노부折口信夫(1887~1953) 같은 사람은 역사 문제에 대해서도 기원을 파악했습니다. 인간의 정신 활동의 기원은 종교이기 때문에 어떤 종교를 갖고 있고 그것에 어떤 특징이 있는가를 적확하게 파악하여 썼습니다.

일본인의 정신 활동의 기원은 신도

일본인의 기원에 대해 잠깐 생각해보고자 합니다. 일본 열도의 인간에게 최초의 종교는 신도神道입니다. 일본과 일본인의 기원을 파악하기 위해 우선 신도를 연구하는 것은 하나의 접근 방법이 될 거라고 생각합니다.

저는 도쿄 출신이지만 아버지는 규슈의 아마쿠사天草라는 섬에서 태어났습니다. 그곳은 그리스도교가 3분의 1, 신도가 3분의 1, 그리고 불교가 3분의 1이 분포된 섬이었습니다. 남쪽의 유서 깊은 집안은 대체로 신도입니다.

문학자 중에서 보자면 하니야 유타카 씨가 그랬습니다. 장례식은 절에서 불교식으로 치렀지만 사실은 신도입니다. 에토 준江藤淳(1933~1999) 씨도 부친이 사가佐賀의 유서 깊은 집안 출신으로 신도입니다. 신도를 연구한 사람은 전쟁 중에 우익이라는 말을 들었고, 지금도 우익이라 여겨질지도 모르겠습니다. 하지만 신도와 우익은 관계없습니다. 신도와 우익을 관련시키는 것은 뭔가의 영향으로 만들어진 전설에 지나지 않습니다. 애당초 일본의 원시적 종교성은 신도에 있고, 정신적인 활동을 하는 사람은 대부분 신도에 기초를 두고 있습니다.

사실을 말하자면 저는 신도를 전혀 신용하지 않습니다. 하지만 신사神社의 마쓰리가 열리면 가서 금붕어를 뜨기도 하고 야키소바를 먹기도 하기 때문에 신사와 관계가 전혀 없는 것은 아닙니다.

그런 것이 모두 없어지지 않는 동안은 신도, 즉 일본 열도의 기원인 종교 활동의 흔적을 없애는 것은 불가능할 것입니다.

신도와 천황은 떼려야 뗄 수 없는 관계입니다. 천황은 최초로 국가가 생겼을 때 신도의 정점에 선 사람이었습니다. 지금 말하자면 신주神主, 즉 신관神官이라고 하면 될까요? 그러던 것이 메이지 유신 이후 '신성하며 침범해서는 안 되는 것'이 되어 신관이었던 천황이 신처럼 취급받게 된 것입니다. 천황의 승인이 있으면 내각의 의결이 없어도 군사를 움직일 수 있습니다. 천황에게 직접 통수권이 있게 되었고, 그것이 종전 때까지 이어졌습니다. 그러나 단지 메이지 헌법이 그렇게 만들었을 뿐이고 천황은 원래 신관이었습니다. 이것이 천황의 기원입니다.

좌익계 사람들은 대부분 천황을 정치적인 입장에서 떼어놓으면 천황제라는 구조가 간단히 없어질 거라고 단순하게 생각했습니다. 하지만 저는 그렇게 생각하지 않습니다. 우리가 마쓰리 때 금붕어를 뜨는 한 신도의 흔적은 남는다고 생각합니다. 그것과 마찬가지로 천황의 흔적도 계속 남겠지요. 마쓰리 때 신사에 노점이 늘어서지 않게 되었을 때야 비로소 일본 신도의 흔적이 없어지는 것처럼, 원시부터 겹겹이 쌓인 것이 현대의 일본을 형성하고 있는 것입니다.

자민당이 아무리 천황에게 국가를 대표하는 권한을 주려고 법률을 만들어도 실질적으로는 텅 비고 의미를 갖지 않게 됩니다. 하지만 지금이라면 그런 것을 부활시키려고 하면 아직 어느 정도의 정치적인 작용은 하겠지요.

천황은 본래적으로 신관이니까 마을 신사의 사람들이나 미코巫女*들을 조직한 제일 우두머리라고 해도 좋겠지요. 류큐琉球 왕조의 왕과 같은 일을 했습니다.

그리고 아주 옛날에는 천황보다는 황후가 더 위였습니다. 왜냐하면 천황은 지상의 세상을 살피는 데 지나지 않지만 황후는 미코의 일도 하기 때문입니다. 신탁을 받을 수 있고 신에게 더욱 가깝다고 여겨져 존중받았습니다. 그런데 어느 시점부터 세상의 정치가 더 기세가 강해졌고, 황후는 미코에서 단순한 천황의 부인이 되어 갔습니다.

일본에서는 원래 여성이 신에 가깝다고 여겨져 히미코卑弥呼** 때부터 요즘 말하는 영적 능력자가 정치를 했습니다. 원래부터 여성 쪽이 민감하고, 특히 옛날의 여성은 예민하고 영적 능력이 뛰어났던 모양입니다.

---

* 신이나 신사에 봉사하는 미혼 여성.
** 위지왜인전魏志倭人傳에 전하는 3세기 초 무렵 야마타이국邪馬台國의 여왕.

오키나와에서는 지금은 없어졌지만 기코에오기미聞得大君라 불리는 미코의 우두머리가 있고 촌락의 미코들로 구성된 조직이 있었습니다. 촌락의 미코는 지금도 있습니다.

진무神武 천황으로부터 12대인 게이코景行 천황까지는 신화의 영역에 속하는데 그때까지는 황후가 확실히 더 위였습니다. 그 후에는 모계제 사회가 되어 주로 후지와라우지藤原氏의 딸이 황후가 되고 남자는 천황이어도 데릴사위였습니다. 가스가春日 신사는 후지와라우지의 우지氏 신사인데, 옛날에는 가스가 신사의 대제大祭가 있으면 천황이 데릴사위로서 거기에 참석했다고 합니다.

그런데 점점 신의 위세가 없어지고 신탁을 받는 능력도 약해졌습니다. 그렇게 되어가는 것과 함께 현재와 비슷한 인간 천황 같은 존재가 되어 정치를 통괄하는 것이 주된 일이 되었던 것입니다.

그래도 역시 원래는 신관입니다. 중세의 무가武家 정치가 되자 천황은 제쳐놓고 겐지源氏나 호조시北條氏가 대두하여 정치를 담당하게 됩니다.

그래도 고다이고後醍醐 천황 같은 우수한 천황이 나와 '이건 이상하지 않은가. 옛날에는 우리가 정치를 했다. 우리가 하는 게 당연하지 않은가' 하고 생각해 반란을 일으킵니다.

천황의 지위나 존재에 대해서도 기원에서부터 더듬어 가면 이렇게 생각할 수 있는 것입니다. 미키 씨는 의학, 해부학에서 이렇게 기원에서부터 더듬어 가는 방법을 직접 고안해냈습니다. 문학에서 보자면 야나기타 구니오나 오리구치 시노부가 자연스럽게 우리를 만족시키는 사고에 도달하여 저는 감탄했습니다.

저의 경우, 야나기타 구니오나 오리구치 시노부와 만난 것은 좀 더 나중이지만, 청춘 시절에는 마르크스와 만나 '사물의 기원을 중요시하는 그런 사고를 하는 건가' 하며 깜짝 놀랐습니다. 마르크스는 제 사상의 근원에 있는데, 저는 그때부터 러시아가 말하는 것만큼 정치적이지는 않은 사상이라고 생각했습니다.

현재는 성장하는 과정과 깊이 관계되어 있다

진짜인지 거짓말인지 모르겠습니다만, 대학 교수가 역의 에스컬레이터 아래쪽에서 여고생의 치마 속을 손거울로 들여다본 사건이 있었습니다.

제 생각에는 그가 그런 짓을 저지른 이유는, 그 사람의 현재 상태에 있는 것이 아니라 그 사람의 성장 과정에 있다고 생각합니다. 갓난아기 때부터 사춘기까지 어머니 또는 어머니를 대신하는 사람과의 관계에서 유래하는 것으로, 현재 그 사람이 무엇인가와는 그다지 관계가 없다고 생각합니다. 인간의 성격 형성에 관한 저의 이론에서는 그렇습니다.

좀 이상한 어른을 보면 이 사람은 사춘기까지 자란 방식, 부모와 자식의 관계에 문제가 있었구나, 하고 생각하면 납득이 갈 것입니다. 틀림없이 부모의 사랑을 받지 못했다거나 불행한 일이 있었을 겁니다.

자신이 의식도 하지 못하는 사이에 어떤 특정한 방식으로 자랐기 때문에 본인은 좀처럼 그것을 멈출 수 없습니다. 어른이 되고 나서 아무리 사회나 도덕적으로 나쁜 일이라는 걸 알아도 그 행위를 고치는 것은 어려운 법입니다.

그러므로 저는 농담으로 대학 교수씩이나 되는 자가 괘씸하다, 하는 식으로 말했지만 진심으로는 그렇게 생각하지 않았습니다. 지금 그가 대학의 교수라는 것과는 관계없이 사춘기까지 자란 방식에 기인하기 때문에 지금의 그를 비난해도 근본적인 해결이 되지는 않습니다.

사건이 일어난 것은 현재의 일이지만 성장 과정에서 그럴 소지가 만들어졌다는 것이라고 해석한다면, 적어도 그 사람이 사회적으로 어떤 지위에 있나 하는 것은 그다지 관계없다고 생각합니다. 하지만 이런 생각은 일반적인 판단과 다른 점이 있어 이해하기 어려울지도 모릅니다.

인간이라는 것은 표면적으로 보이는 성격만이 아니라 과거의 그런 양육 방식이 뒤에 숨어 있는 법입니다. 그러므로 사람을 볼 때는 과거의 인간관계나 현재 놓여 있는 상황 등 다각적인 관점에서 봐야 합니다. 일방적인 관점에서 보면 잘못 보는 경우가 많습니다.

좀 더 말하자면 어머니와 아이의 관계를 좀 더 확실히 생각해야 하고 어디에 문제가 있는지를 알게 되면 불가해한 사건이나 이상한 성벽을 가진 사람이 나타나기 힘들어질 거라고 생각합니다.

사건을 일으킨 아이가 있다면 어머니와 아버지가 일정한 시기, 한 달이든 두 달이든 상관없으니 그때까지의 생활을 바꾸는 것은 어떨까요? 직장에 다닌다면 잠깐 쉬고, 아이가 소년원에 있다면 매일 그곳으로 찾아가 접촉하는 겁니다. 지금까지 이렇게 해왔는데 양육 방식으로서 이런 부분이 잘못되었다, 하지만 이러이러한 부분은 너의 오해다, 하는 식의 이야기를 나눌 수 있다면 그 아이는 갱생할 가능성이 생길 것입니다.

당연히 그것을 하는 것은 심리적으로도 아주 힘든 일이겠지만 그 정도의 일을 하지 않으면 안 된다고 생각합니다. 설령 살인을 범했다고 해도 부모가 그때 단단히 받아들이면 사회에 복귀했을 때 재범을 저지를 가능성이 낮아지겠지요.

그런데 신통하다고 할까 공교롭다고 할까, 그런 아이의 부모는 대체로 세상 사람들과 한통속이 되어 자기 자식을 그 아이는 이런 아이였다, 그 아이는 옛날부터 성격이 이상했다, 하며 비난하는 경우가 많은 것 같습니다. 하지만 저는 그건 이상하다, 좀 납득하기 힘들다고 생각합니다. 저는 모두 부모 탓이 아닐까, 하고 생각합니다. 그것을 세상 사람들과 한통속이 되어 아이를 비난해서 어떡하겠다는 것인지 모르겠습니다.

너는 간단히 그렇게 말하지만 자기 자식이 그렇게 되면 서로 이야기할 수 있겠느냐고 말할지도 모릅니다. 그렇다면 '무척 염려되기는 하지만 그렇게 할 겁니다'라고 대답하기로 정해놓고 있습니다. 우리 아이에게도 앞으로 남녀 문제든 부모 자식 문제든 무슨 일이 일어날지 모릅니다. 그러므로 그때는 최종적인 책임은 자신이 지겠다는 각오를 하고 있습니다. "정말이야? 체면만 세우지 말라고"라고 말하면 난처하겠지만, 그래도 그렇게 생각하고 있는 것만은 확실합니다.

악처인가 양처인가는 관점에 따라 다르다

사람이나 사물에 대한 판단이나 평가는 보는 쪽 마음의 해석에 달려 있기에 자신의 사고가 절대적이라고 확신하는 것은 위험합니다. 애초에 사람이나 사물에 대해 그것이 백 퍼센트 좋다거나 나쁘다고 정해져 있는 것은 아닙니다.

저는 좌담회에서 나츠메 소세키의 부인이 악처라고 하기도 하고 글로도 그렇게 썼습니다. 그것은 나츠메 교코夏目鏡子 씨의 『나츠메 소세키, 추억』*을 읽었더니 여러 가지 일들이 쓰여 있었기 때문입니다. 그렇게까지 비판당했다면 남편으로서 설 자리가 없을 거라고 생각하게 되는 것들뿐이었습니다. 반대로 그렇게까지 하는 것은 배짱이 참 좋다고 말할 수 있을지도 모르겠습니다. 어쨌든 두 사람 사이에 다툼이 끊이지 않았고 일상적으로 사이가 좋지 않았으리라는 것은 알 수 있도록 쓰여 있습니다.

에토 준 씨는 좀 더 세게 말했습니다. 소세키는 지인인 의사로부터 신경증 진정제를 처방받아 먹고 있었는데, 부인이 소세키에게 비밀로 하고 의사에게 그런 약을 별도로 나눠주지 않

* 나츠메 교코, 『나츠메 소세키, 추억』, 송태욱 옮김, 현암사, 2016.

겠느냐는 편지를 보낸 사실을 에토 준 씨는 예로 들고 있습니다.

의사는 부인에게 뭔가 특별한 의도가 있는 게 아닐까 해서 파랗게 질렸다고 합니다. 이런 일에서 에토 준 씨는 그건 미온적인 살의라고 비판했습니다.

부인에 따르면 발끈 화를 내는 발작을 평소에 자주 보아 알기 때문에 발작이 일어나기 조금 전에 약을 조금 늘려 먹이면 되지 않겠느냐는 정도의 생각이었을지도 모릅니다.

소세키의 입장에서 말하자면, 부인이 히스테리 같은 상태가 되면 부인의 오비帶에 끈을 묶어 자신이 그 끝을 잡고 발작으로 뛰어내리지 못하도록 했던 일도 있었던 모양입니다. 소세키의 말에 따르면, 자신은 그렇게까지 부인에게 신경을 쓰고 있었다는 생각이 있었는지도 모릅니다.

한편 소세키는 발작적으로 화를 내면 항상 곧바로 "넌 친정으로 돌아가"라고 소리를 질렀기 때문에 부인은 그런 점이 싫었다고 말합니다. 이는 부부 사이의 일이기 때문에 잘 알 수 없지만, 보기에 따라서는 피차일반이 아닐까 하는 생각도 듭니다.

우리는 소세키의 작품에 몰두해 있는 점이 있기 때문에 자신도 모르게 부인을 악처로 만들고 소세키가 발작적으로 화를 내는 것에 대해서는 그 정도는 괜찮지 않느냐며 관대하게 보고 맙니다. 하지만 부부는 상호관계이기 때문에 어느 쪽이 낫다거나 나쁘다는 것은 당사자 이외의 사람에게는 잘 알 수 없는 법입니다.

소세키의 부인이 실제로 악처였는지 양처였는지는 제쳐두고 나츠메 소세키의 『도련님』이라는 소설에는 소세키의 이상적인 여성이 그려져 있습니다. 어린 시절 집에 고용되어 있던 할멈으로, 악동이었던 도련님을 귀여워해주는 여성입니다. 도련님의 형은 부모의 자랑거리인 얌전하고 착한 아이로, 부모는 늘 형만 예뻐하고 도련님은 늘 꾸중만 듣습니다. 하지만 그 할멈은 도련님을 감싸며 형 모르게 과자를 주기도 합니다. 그리고 부모한테 꾸중만 듣지만 도련님은 욕심이 없고 고운 심성을 가졌다, 집을 장만하여 독립하면 같이 살게 해달라고 말합니다.

결국 도련님은 선생님이 되어 시코쿠 벽지에 있는 중학교로 가지만 싸움을 하고는 교사를 그만두고 돌아옵니다. 도쿄로 돌아오고 나서 조카의 집에 신세를 지고 있는 노파를 찾아가 이제 돌아왔다며 같이 살자고 말합니다. 도련님은 학교를 그만둔 후 철도회사에 근무합니다. 근사한 집을 마련한 것이 아닌데도 할멈은 기뻐하며 함께 살게 된다는 데서 소설은 끝납니다만,

그 할멈이 소세키의 이상적인 여성이라고들 합니다.

모리 오가이도 소설에 이상의 여성을 등장시켰습니다. 그
것은 오가이의 어머니였습니다. 실생활에서 오가이의 부인이
"그 사람하고는 같이 밥을 먹는 것도 싫다"고 말할 정도의 시
어머니였습니다. 하지만 오가이는 소설에서 주인공에게 이런
말을 하게 합니다.

"당신하고는 십여 년을 함께했지만 어머니와는 갓난아기 때
부터 함께했으니까 나를 보살피고 싶어 한다거나 돈 관리를
당신에게 넘기지 않는 것도 당연한 거야."

오가이나 소세키의 여성관이 각각인 것처럼 사람에 따라 다
르겠지만, 우리의 관점도 무수히 있을 겁니다. 물론 소세키나
오가이는 여러 가지 의미에서 초인간超人間이기 때문에 보통의
감각과는 다른 부분이 있을지도 모르겠습니다.

전쟁만은 모두 악으로 판단한다

지금까지 써왔지만, 저는 소문이나 소식통의 이야기는 전혀
신용하지 않고 자신의 눈이나 감각으로 사람이나 사물을 보려
고 해왔습니다. 좋거나 나쁘다고 하는 것은 균형 같은 것으로,

전체 긍정도 전체 부정도 좀처럼 불가능한 거라고 생각합니다. 다만 제가 유일하게 전체 부정할 수 있는 것, 악이라고 인정하기를 거리끼지 않는 것은 '전쟁'입니다.

전쟁에는 정의의 전쟁과 침략 전쟁이 있다고 마오쩌둥 같은 말을 하는 사람이 지금도 있습니다. 전쟁에는 정의의 전쟁과 침략 전쟁이 있다는 것은 바보 같은 소리입니다. 전쟁은 모두 악이지 선인이나 악인 따위는 없습니다. 선인이라고 생각하는 놈들끼리 전쟁을 하는 것이라 쌍방에서 이유는 얼마든지 붙일 수 있는 것입니다.

지금 문제가 되고 있는 야스쿠니 신사 참배 문제에서도 참배 같은 건 그만두어야 한다는 사람도 있고, 전범만 분사分祀하면 되지 않느냐는 사람도 있습니다. 하지만 본질적으로 그런 문제가 아니라고 생각합니다.

일본이 중국에서 나쁜 짓을 한 것은 확실하지만 당시의 저였다면 어떻게 했을지 생각하면, 잔학 행위는 대체로 삼간다고 할까 일단 하지 않았을 거라고 생각하지만 밭을 망치거나 농가를 위협해서 식량을 징발하는 일은 했을 것 같습니다. 그러므로 그렇게 잘난 체하는 말을 할 수는 없습니다만, 잘난 체하는 말을 할 수 없는 것은 중국도 피차일반이 아닐까 생각합니다. 전쟁이라는 것은 상대도 하고 이쪽도 하는 측면이 있어서 일방적이 아니라는 점이 있습니다.

중국은 당시 서유럽 국가에 많은 조계租界를 만들게 해놓고 왜 일본에만 침략이다, 침략이다, 하고 비판하느냐고 하면, 중국은 또 반박할 이유를 생각해야만 해서 서로 끝이 없을 겁니다.

모든 각료를 데리고 참배하면 공적인 일일지 모르지만 혼자 참배하는 것은 사적인 일이라 개인의 자유다, 주위 사람들이 이러쿵저러쿵 떠들 일이 아니라는 것이 정당한 이치라고 생각합니다. 그것은 제가 전쟁을 아는 세대라서 아무렇지 않게 말할 수 있는 문제라고 생각합니다.

전쟁을 모르는 세대는 자못 일본만이 침략 전쟁을 했고 상대는 정의의 전쟁이었다고 믿고 있는 사람이 많지만, 전쟁이란 쌍방이 서로 죽이는 일을 하는 것입니다. 전쟁에서 패배한 나라라서 일본인은 송구하게 생각하고 있지만, 그런 일로 송구하게 여길 일은 아닌 것 같습니다. 하지만 그렇다고 해서 제대로 전쟁을 할 수 있도록 자위대를 자위군으로 만들기 위해 헌법 9조를 고치는 일에 힘을 기울이는 것은 그만두라고 말하고 싶습니다.

왜 지금의 일본인은 전쟁 포기라는 좋은 헌법을 갖고 있는데도 핵확산방지조약을 약간 바꾸려는 것조차 망설이고 있을까요? 일본인은 원래 얌전한 점이 있다고 생각하지만, 내심 일본이 세계에서 고립되는 것을 두려워하는 거라고 생각합니다. 그것이 지금 세대의 사람들에게서 느끼는 가장 큰 약점인 것 같습니다. 그것이 어떤 약점인가 하면, 역설적으로 표현하자면 전쟁을 체험하지 않은 사람의 약점이라고 생각합니다.

국가는 원칙상 아무런 명분도 없는 일로 반대하며 주변 국가를 압박하거나 위협하는 것이 불가능하다는 것은 자명한 일이라고 우리는 생각합니다. 그런데 전쟁 경험이 없는 지금의 젊은이들은 그런 것을 이해할 수 없는 것 같습니다. 우리 세대는 전중, 전후의 한때 굶주리며 얼마 안 되는 옷이나 가재도구와 쌀을 교환하여 근근이 연명한 경험이 있기 때문에 무슨 일이 일어나든 그다지 두렵지는 않습니다. 이런 주장을 해도, 설령 무슨 일이 있어도 저를 굶주려 죽게 할 수는 없을 거라는 강한 확신이 있다고 합니다만, 무슨 짓을 해서라도 먹고 살 수 있다는 자신이 있기 때문일지도 모릅니다.

우선 전쟁을 없애기 위해 뭘 할 수 있을지 좀 더 진지하게 생각해봐야 합니다.

3

진짜와
가짜

좋은 사람과 나쁜 사람

저는 사람에 대한 호불호가 아주 심한 편입니다. 심한 편이지만, 그렇게 해서는 안 되는 경우와 그래도 되는 경우가 있다는 것은 구별하고 있다고 생각합니다.

남녀 문제에서의 호불호는 외관에서 받는 인상이나 목소리 같은 것에 의해서이겠지요. 그 판단은 직감에 가까운 것이고, 이치로는 딱히 뭐라고 설명할 수가 없습니다. 저도 젊을 때는 그런 직감에 사로잡혀 남들처럼 바람을 피우고 싶어지거나 차라리 아내와 헤어질까 하고 불온한 생각까지 한 적도 있지만 현실로 옮기지는 않았습니다.

모럴이라고 할 정도의 것이 있었던 것은 아니지만, 애초에 대개는 짝사랑으로 끝났습니다. 어쩌면 무의식중에 짝사랑으로 해두자는 심리가 작동했는지도 모릅니다.

모럴이 있었다고 한다면, 제가 유리한 입장에 있는 점을 남녀 문제에 사용하는 것은 비겁하다고 느꼈다는 것을 들 수 있습니다. 그 때문에 짝사랑으로 그만두었다는 점도 분명히 있습니다. 세상 사람들이 보기에 저 녀석은 자신의 지위를 이용했군, 하는 말을 듣는 것은 참을 수가 없습니다. 남들에게 그렇게 생각되고 싶지 않다는 것은 사람의 도리를 벗어나지 않기 위한 억제력으로서 중요한 점일지도 모릅니다.

그런데 저는 남녀 문제만이 아니라 일반적인 인간관계에서도 좋은 관계인지의 여부를 판단하는 기준을 갖고 있습니다. 무척 간단한 것인데, 서로 말하기 힘든 것을 제대로 말할 수 있는가의 여부입니다. 그것을 솔직함과 소박함으로 단정하면 뉘앙스가 좀 다른 것 같기도 합니다.

솔직한 사람이라는 것이 아니라 말하기 힘든 것을 말할 수 있는 사람, 이런 식으로 표현하면 제가 말하고 싶은 이미지에 가까워집니다. 그래도 약간 다른 것 같기도 하지만, 적당한 말이 좀처럼 떠오르지 않기 때문에 이쯤에서 수습하고 싶습니다.

어쩌면 저 자신이 말하기 힘든 것을 말할 수 있는 사람이 되고 싶다고 생각하고 있어서 그런 기준이 되는 건지도 모릅니다.

일본인은 예의가 바른 편이고 온후한 점 등 다른 사람들에 비해 좋은 점을 많이 갖고 있다고 생각합니다. 하지만 저는 일반적인 일본인의 장점을 일부러 말하는 것에 그다지 의미가 있다고 느끼지 않습니다. 내심 신물이 났는지도 모릅니다. 그렇기에 반대로, 말하기 힘든 것을 솔직하게 말할 수 있는가에 가치가 있는 거라고 말해두겠습니다.

그러므로 글을 쓰는 경우에도 가능한 한 말하기 힘든 것을 쓰려고 합니다. 말하기 쉬운 것, 말하면 칭찬받을 것 같은 것은 의식적으로 그다지 하지 않으려고 합니다.

말하기 힘든 것을 말하는 것이 왜 좋은가 하면, 그 행위가 자기 해방이 되기 때문입니다. 주관적이기는 하지만 주위의 사회나 인간관계에서 느끼는 다양한 울적함에서 해방되는 가장 좋은 방법은 말하기 힘든 것을 말하는 것입니다.

물론 말하기 힘든 것의 내용이 사회적으로 판단해서 어떤 결과를 낳게 될지를 생각해두는 것은 필요하지만, 그래도 말하기 힘든 것을 말했을 때의 해방감은 그 무엇과도 바꿀 수 없는 것입니다.

그래도 인간의 호불호에 관해 발언할 때는 상당히 신중해지는 편이 좋다고 생각합니다. 분명히 저도 다양한 의미에서 인간에 대한 호불호의 감정을 갖고 있습니다. 특히 주제를 한정한 상태에서의 호불호는 있다고 명확히 말할 수 있습니다. 하지만 특정한 사람을 가리켜 그 사람이 좋은가 싫은가 하고 막연하게 묻는다면, 그것은 확실히 대답할 수 없다고 생각합니다.

실제로 주제를 한정한 경우의 호불호가 그 사람에 대한 전인적全人的인 호불호 평가가 되는 경향이 있습니다. 저에게 이상이라는 것은 그런 판단 방법이 제 안에서 없어지는 것입니다.

주제를 명확히 한정하면, 물론 싫어하는 사람을 좋아하게 될 가능성도 있습니다. 그렇다고 해서 어떤 주제에 한정해서 그 사람이 좋은지 싫은지를 판단하는 것은 그만두는 것이 좋다고 저는 확신합니다.

그러나 자기 자신이 그것을 잘 할 수 있을지 없을지는 또 별개의 문제로, 그렇게 할 수 없는 부분이 있을지도 모릅니다.

애초에 좋아하는 사람, 싫어하는 사람이라는 판정 자체가 불가능합니다. 다시 말해 사람을 하나의 이미지로 생각했을 경우, 어떤 관점에서 말하면 싫지만 다른 관점에서 보면 그 사람은 반드시 좋은 면을 갖고 있기 때문입니다.

그러므로 특정한 주제로 한 사람의 전 인격에 대한 호불호를 판정하는 방식을 취하지 않아도 되는 정신 상태를 유지할 수 있으면 좋을 거라고 생각합니다.

성격은 바꿀 수 있을까

민주당의 오자와 씨는 당대표가 되었을 때 "자신을 바꾸겠습니다"라고 말했습니다. 탐관오리 같은 이미지를 그렇게 간단히 바꿀 수 있을까, 하고 많은 사람들이 관심을 가졌고, 꽤 화제가 되기도 했습니다.

애초에 어느 정도 나이가 든 사람이 어느 날 갑자기 사람 됨됨이나 삶의 태도, 가치관을 바꾸려 한다고 해서 정말 바꿀 수 있는 것일까요? 잠깐 생각해보고 싶습니다.

확실히 경우에 따라서는 바꿀 수 있을지도 모릅니다. 하지만 성격이라는 것은 청춘기가 되기 전까지 부모와 자식이라는 관계 안에서 거의 정해지는 법이라고 생각합니다. 저의 실감으로 보자면 그것은 일단 움직일 수 없습니다.

예전에 저는 선생님이나 아버지로부터 그 무렵의 말로 '숫기가 없다'는 말을 들었습니다. 숫기 없는 성격을 고치지 않으면 안 된다, 반드시 고쳐라, 하는 말을 항상 들었습니다. 그래서 사람들 앞에서 말하는 것을 비롯하여 다양한 것을 하도록 했던 일을 기억하고 있습니다. 하지만 '됐어, 숫기 없는 성격이 고쳐졌어' 하는 감각을 갖게 되는 일은 전혀 없었습니다. 그리고 지금도 숫기 없는 기질이 자신 안 어딘가에 남아 있다는 감각을 갖고 있습니다.

그 사람의 성격을 만들 때는 어머니나 어머니의 대리인이 젖을 먹이거나 기저귀를 갈아주는 시기가 가장 중요합니다. 그 다음으로 초등학교 시절인 소년기에 성격은 거의 결정되는 것 같습니다. 그것을 본질적으로 바꾸는 것은 거의 불가능하겠지요.

그렇다면 그 이후에는 성격을 전혀 바꿀 수 없는 것일까, 하는 의문이 들지도 모릅니다. 사람은 확실히 나이를 먹어가면서 여러 가지 일을 경험하고 느끼며 성장해가는 법입니다. 그러므로 처음에 만들어진 성격에 만약 결함이 있다고 느꼈다면, 그때마다 그것을 극복하려는 노력을 하겠지요. 극복하는 방법은 사람마다 다르겠지만, 그것을 극복하려고 할 때 생기는 갈등에 의해 예전에 비해 성격이 바뀌는 일은 있을 겁니다.

적어도 청춘기까지는 자신의 성격적인 약점을 의식하거나 얼마간 인간관계의 문제가 생기면 의식적으로 성격을 바꾸려고 노력할 수는 있겠지요.

하지만 청춘기가 되면 자신이 부모가 될 가능성도 생깁니다. 그렇게 되면 자신과 부모의 관계가 있지만, 자신과 자기 아이의 관계도 있는 이중의 관계가 생기기 때문에 문제는 상당히 복잡해집니다. 그런 상황에서 의식적으로 성격을 바꾸자,

서툰 것을 극복하자고 해도 어려워질 겁니다.

그러므로 오자와 씨 정도의 나이가 되어 경험도 쌓아온 사람이 '자신을 바꾸겠다'고 해도 그렇게 극적으로 바뀌지는 않을 거라고 저는 생각합니다. 텔레비전에서 얼굴을 본 느낌으로 오자와 씨의 성격을 말하자면, 비교적 소극적인 것이 아닐까 생각합니다. 다시 말해 성격적으로는 정치가에 그다지 맞지 않은 사람일 거라는 인상을 갖고 있습니다.

그렇다면 오자와 씨의 정치적 사고가 바뀔까요? 무슨 일이 있더라도 오자와 씨가 공산당원이 되는 것 같은 현격한 변화는 어렵겠지요. 하지만 간 나오토 씨 같은 사람의 영향도 있을 것이고, 민주당에는 전 사회당의 우파였던 사람도 있습니다. 하토야마 씨도 거기에 가까운 진보적인 사람이라고 할 수 있습니다.

그러므로 그런 사람들과 어울리는 가운데 자민당에서 민주당 정도는 바꾸려고 마음만 먹으면 얼마든지 바꿀 수 있을 거라고 생각합니다. 간 나오토 씨와 오자와 씨의 정치적 견해를 비교해도 그렇게 동떨어진 것은 아닙니다. 간 나오토 씨는 여하튼 사회가 서서히라도 이런 식이 되어 가면 된다는 하나의 이상 같은 것을 옛날부터 어딘가에 갖고 있습니다. 그런 사람과 이야기를 나누거나 논의를 하다보면 민주당과 자민당의 차이 정도는 메울 수 있지 않을까 생각합니다.

오자와 씨는 '자신을 바꾼다'는 것에 그다지 집착하지 않고 오로지 정치적인 숙련자가 되기만 하면 된다고 생각합니다. 그가 다나카 카쿠에이가 애지중지하던 자식 같은 사람이라고 하는데, 젊은 나이에 자민당 간사장으로 발탁되었을 무렵에는 적어도 일반 사람들의 운명이 어떻게 될까 하는 것은 덤 정도로만 생각했을 것으로 보였습니다.

하지만 다나카 마키코가 그랬던 것과 마찬가지로, 그런 사고가 민주당 수준까지 바뀌어간다는 것은 충분히 가능하다고 저는 생각했습니다.

다만 그런 것과 '정치적 기술'에 대해서는 이야기가 좀 다릅니다. 간 나오토는 '정치적 기술'에 관해서는 아마추어이지만 오자와 이치로는 다나카 카쿠에이 밑에서 훈도를 받았기 때문에 정치적으로는 비교가 안 될 정도로 뛰어난 사람입니다.

그런 점은 앞에서 말한 것처럼 민주당의 대표 선거에 자주 나타났습니다. 만약 진보적인 사람이었다면 자신이 정당의 주인이 된 시점에서 대표 후보로서 자신과 대립한 사람을 여봐란 듯이 음지에 놓아두는 방식을 쓰는 법입니다. 사민당이나 공산당이 좋은 예입니다.

그러나 오자와 씨는 다나카 카쿠에이로부터 배운 정치 방

식이 몸에 배었겠지요. 대표 자리를 다툰 상대인 간 나오토 씨
를 대표 대행으로 하고 하토야마 씨도 간사장에 유임시켰습니
다. 이제 오자와 씨는 생각했던 것보다 좀 더 포용력이 있었다
는 인상을 갖게 됩니다. 그것이 보수적인 방식의 장점이라고
할 수도 있겠지만, 자칫하면 보스 정치가 되기도 하는 점입니
다.

다나카 카쿠에이의 매력

니가타현의 어느 문예잡지 모임에서 몇 번인가 료칸良寬
(1758~1831)*에 대한 이야기를 해달라는 부탁을 받고 간 적이
있습니다. 불러준 사람은 일찍이 전학련全學連** 활동을 했으며

---

* 에도江戸 시대 후기 조동종曹洞宗의 승려.
** 전일본학생자치회연합회全日本學生自治會總連合, 즉 일본의 학생 자치회의 연
  합 조직이다. 1948년 145개 대학의 학생 자치회로 결성되었다. 당초에는
  일본공산당의 강한 영향 아래에 있었지만 1955년 이후에는 일본공산당
  에 대한 비판파가 주류가 되었다. 1960년대에는 안보투쟁 등으로 격렬한
  학생운동을 전개했지만 그 과정에서 조직이 분열되었다. 1970년대 이후
  에는 전학련이 학생운동의 지도적 위치에 있다고는 말할 수 없는 상황이
  되었다.

지금은 그 부근의 고등학교나 중학교의 교사가 되어 동인잡지를 만들고 있는 사람들이었습니다.

나가오카에서 실제로 이야기를 하고 깨달은 것은, 적어도 나가오카長岡 또는 니가타新潟 지역에서는 과거에 학생운동을 했던 과격한 사람들도 다나카 카쿠에이를 나쁘게 말하는 사람이 없었다는 것입니다.

그런 경험에서도 알 수 있는데, 다나카 카쿠에이는 아시아형 정치가로서 일본 최후의 인물이었다는 것이 저의 평가입니다.

일본의 아시아형 정치가의 최초 인물은 사이고 타카모리西鄉隆盛(1828~1877)입니다. 그는 이른바 근거지형입니다. 즉 향토의 기대를 받으며 중앙으로 나아가 정치를 하는 유형의 정치가를 말합니다.

사이고가 고향으로 돌아가 재야의 인물이 되고 나서도 주변의 고향 사람들은 내내 그를 존경하고 소중히 생각했습니다. 세이난西南 전쟁*에서 중앙 정부와 싸우게 되었어도 필사적으로 사이고를 지키려고 했습니다. 이는 근거지형, 아시아형 정치가의 특징입니다.

그 흔적을 마지막까지 계승한 사람이 다나카 카쿠에이였다는 것입니다. 그 후에도 몇 번인가 나가오카에 가서 전 학생운동 투사들과 이야기를 나눴는데, 다나카 카쿠에이에 대해 험담을 하는 사람은 한 사람도 없었습니다. 그것은 그저 고향을 위해 도로를 만들었기 때문이라는 단순한 이유만이 아닌 것 같았습니다.

향토의 이해利害에 대해서는 자신이 전심전력을 다해 중대한 임무를 다했다는 다나카 카쿠에이라는 사람의 강한 사명감이 보수적인 사람에게도, 전 전학련 같은 사람에게도 잘 전해졌던 것입니다. 그러므로 현지 사람은 그를 단순히 자민당의 보스라는 식으로 생각하지 않습니다. 그런 부분이 아시아형 정치가의 특징이라고 해도 좋겠지요.

도쿄와 같은 대도시에서 보면 다나카 카쿠에이는 자신의 고향에만 도로를 만들거나 댐을 건설해서 괘씸하다고 생각하지만, 그렇게 단순한 사람은 아닌 것 같습니다.

중국의 경우는 지금도 그런 유형의 정치가가 많습니다. 중국 공산당은 일본 공산당과 달리 고향의 대표로서 당 간부가

---

* 1877년 사이고 타카모리 등이 일으킨 반란. 메이지 정부에 대한 불평사족不平士族의 최대이자 최후의 반란으로, 사이고 타카모리가 정한론征韓論에서 패배하여 관직을 사임하고 가고시마鹿兒島에 설립한 사학교私學校의 생도가 중심이 되어 2월에 거병했고, 구마모토성熊本城을 공략하지 못하는 사이에 정부군의 반격을 당해 패퇴했으며 사이고가 자결함으로써 끝났다.

되어 중앙에서 정치를 한다고 합니다. 제가 왜 그것을 확신하느냐 하면, 예전에 학생운동을 했다는 어느 대학의 교수가 바로 그렇다고 알려주었기 때문입니다.

그가 전공에 대한 조언을 구하려고 중국 후난성湖南省에 갔을 때의 일입니다. 논에 물을 대기 위해 강물을 돌려 관개용 수로를 만들자는 이야기가 나왔습니다. 그러자 후난성 출신의 중앙정부 간부가 먼저 현지 사람에게 말을 해주었다고 합니다.

다시 말해 그 지역 출신의 정치가가 고향의 대표로서 중앙의 당 간부의 지위에 있다는 것입니다.

중국의 공산당을 일본의 공산당과 똑같이 생각하면 그 본질을 잘못 보는 경우가 있습니다. 중국의 정치가는 향토의 대표자로서 중앙에 와 있는 것이기 때문에 고향에서 무슨 일이 있을 때 그 사람과 의논하면 그 사람이 대신 말을 해줍니다. 중국은 그런 사회인 것입니다. 이는 아시아형의 특징입니다.

중국 공산당의 간부가 일본에 오면 흔히 다나카 카쿠에이의 집을 방문하여 인사를 한다는 기사를 신문에서 본 적이 있습니다. 그런 일에 관해서는 정말 의리가 두텁다고 해도 좋겠지요.

다나카 카쿠에이는 가난한 집에서 태어났고 딱히 좋은 학교를 나온 것도 아닙니다. 일을 하며 주오공학교中央工學校의 토목

과를 나와 정치가가 된 사람입니다. 그런 출신 배경이 중일 국교 회복을 이룬 공적만이 아니라 중국 사람들이 좋아하는 이유이겠지요.

왜냐하면 중국에는 지금도 아시아형 농본주의적 영역이 많아서 중국 공산당의 중앙에서는 대학을 나온 지식인보다는 오히려 그렇지 않은 체험형 인간이 주로 활약하고 있기 때문이겠지요. 그래서 다나카 카쿠에이 같은 사람을 좋아하는 것입니다.

다나카 카쿠에이는 니가타에서 도로를 정비해달라고 부탁하면 들어주었습니다. 거기에는 자민당 세력을 확장하고 싶다는 마음도 있었겠지만, 그보다는 자신이 향토의 대표자라는 자각을 갖고 향토를 조금이라도 낫게 하고 싶다는 의식이 분명히 있었기 때문일 겁니다. 그렇기에 학생운동을 했던 행동파 같은 사람도 그 사람은 괜찮다는 평가를 내리겠지요.

그런 다나카 카쿠에이가 록히드 사에서 5억 엔을 수뢰했다는 이유로 중앙에서 심한 공격을 받았을 때 노사카 아키유키野坂昭如(1930~2015)* 씨가 다나카 카쿠에이의 고향에서 대항마

---

* 일본의 소설가이자 정치인, 가수. 애니메이션 〈반딧불이의 무덤〉의 원작인 단편 「반딧불이의 무덤火垂るの墓」으로 유명하다.

로서 입후보한 적이 있습니다. 하지만 그것이 착각이라고 하면 이상하겠지만, 그가 잘못 생각한 것이었습니다. 왜냐하면 그런 일이 있었다고 해도 다나카 카쿠에이를 탈락시키고 당선되는 일은 불가능했기 때문입니다.

노사카 씨가 아무리 분발해도 그건 불가능합니다. 보수라든가 진보라는 사상이나 이념의 문제가 아니라 향토의 대표자인가 아닌가, 그리고 그동안 향토에 얼마나 애를 써주었는가 하는 것이 다나카 카쿠에이의 정치적 기반이었기 때문입니다.

노사카 씨 같은 인텔리 문학자가 대항마로서 입후보한다고 해도 어떻게 해볼 도리가 없다는 것은 처음부터 알고 있었습니다. 이는 아시아형이라는 것을 잘 알지 못하면 오해하는 점이라고 생각합니다.

아시아형 정치가는 자칫하면 보스 정치가 되는 경향이 있지만, 잘 되면 큰 포용력을 겸비한 정치가 될 가능성이 있습니다.

일본에서는 사소한 일로 금방 트집을 잡거나 대립합니다. 하지만 아시아형 정치가라면 작은 차이는 그다지 신경 쓰지 않습니다. 도량이 크고 모호하게 보이겠지만 향토의 대표자라는 의식만은 잃지 않는다는 특징이 있습니다. 일본에서 다나카 카쿠에이는 그런 아시아형의 마지막 정치가라고 생각합니다.

그릇의 크고 작음

진보파와 보수파로 나눈다면, 진보파의 그릇이 더 작아 인망을 얻기 힘든 것 같습니다. 진보파 중에서 누구에게도 험담을 듣지 않는 사람을 찾는 것이 더 어렵겠지요. 적어도 지금의 공산당, 사민당에는 없는 것 같습니다.

그렇지만 한 세대 전의 진보파 중에는 인망이 두터운 사람이 있었습니다. 문학 관계자라서 그렇다고 말하면 할 말이 없지만, 제가 좋아했던 사람은 나카노 시게하루中野重治(1902~1979)입니다. 그는 공산당이 분열할 때까지 중앙위원이었습니다. 물론 문학자로서도 우수한 작품을 써온 사람인데, 전후 문학자 중에서 손가락으로 꼽을 정도로 뛰어난 작가였습니다. 그의 사고에 대해서는 때로 좀 아니라고 생각한 점은 있었지만, 전반적으로 좋아하는 사람이었습니다.

공산당의 중앙위원이었던 가미야마 시게오神山茂夫(1905~1974)라는 사람도 좋아했습니다. 그는 아시아형의 흔적을 갖고 있던 인물로, 좋게 말하면 포용력이 있고 나쁘게 말하면 대충대충 하는 구석이 있었습니다. 그 시대에 흔히 있었던 것처럼 때로는 보수냐 진보냐로 타인을 배척하거나 규율에 대해 까다롭게 말하는 점이 있었지만, 다른 사람에 비하면 그 정도가 약했던 사람이었습니다.

저는 치쿠마쇼보筑摩書房의 『현대일본사상대계現代日本思想大系』의 '내셔널리즘'이라는 항목의 편집과 해설을 부탁받았을 때 이시하라 신타로石原愼太郎(1932~)와 가미야마 시게오를 넣으려고 생각했습니다. 가미야마 시게오에게는 「천황제에 관한 이론적 문제들天皇制に關する理論的諸問題」이라는 좋은 논문이 있어서 그것을 꼭 넣고 싶었던 것입니다.

이시하라 씨는 곧바로 승낙한다는 답변을 했지만 가미야마 씨는 전화로 "나는 이시하라와 같은 페이지에 나오는 것이 싫소"라고 말하며 거절할 듯한 태도를 보였습니다. 저는 난감해하면서도 "아니, 무슨 말을 듣든 제 책임으로 하면 되니까 꼭 게재하고 싶습니다. 「천황제에 관한 이론적 문제들」은 좋은 논문이니까요"라며 겨우 설득해서 결국 가까스로 승낙을 받았던 기억이 있습니다.

일본에는 아시아형의 포용력 있는 인물이 좀처럼 나오지 않는다는 인상이 있습니다. 특히 사상의 당파성과 정치의 당파성이 완전히 일치하지 않으면 기분 나쁘다는 것은 일본인의 특징 아닐까요? 나쁘게 말하면 그것은 섬나라 근성이라고 해도 좋을 겁니다.

다시 말해 동양인에 속하지만 대륙의 거센 파도에 시달린

적이 없기 때문에 일본인은 왠지 모르게 오붓하게 살고 있습니다. 대륙 사람이 보면 일본인은 머리도 참 좋고 과학·기술도 유럽 못지않게 발달해 있어서 아시아에서는 선진국일 텐데도 어딘지 모르게 포용력이 없다고 생각되는 면이 있는 것 같습니다.

일본인이 거친 것을 좋아하지 않는 것은 장점이기는 하지만, 그것은 결점과 표리일체이기도 합니다. 중국인을 보면 알 수 있는데, 그들은 좌든 우든 평소부터 거친 면이 있습니다.

그런데 일본인은 평소 얌전한데도 이상한 일이 벌어지면 원래 포용력이 없어 발끈한 나머지 남을 괴롭히거나 몹시 거칠게 행동합니다.

말하자면 태도가 서툰 것입니다. 일본인에게는 그런 점이 있는 게 아닐까요?

지금 중국에서는 서구 선진국 기업에 섞여 일본 기업이 상하이에도 홍콩에도 진출하여 제품을 만들고 있는데, 중국인은 특별히 일본만을 적대시하고 '애국 무죄'라며 반일 데모를 합니다.

역사적인 것을 생각하면 분명히 사정이 달라지겠지만, 현재의 상황만을 보면 그것은 이상한 이야기입니다. 다시 말해 서구의 기업도 마찬가지로 하고 있는데도 왜 일본만 눈엣가시로 보는 걸까요?

제가 생각하기에는, 어쩌면 일본인에게 포용력이 없는 건 아닐까 하는 것입니다. 다시 말해 일본 기업의 간부들은 중국인을 쓰는 데 서툴기 때문에 그쪽에서 그다지 좋은 인상을 가질 수 없는 게 아닐까 하는 의구심이 드는 것입니다.

아담하게 정리되어 있는 것을 좋아하고 무슨 일이나 깔끔하지 않으면 마음에 들지 않는다는, 일본인이 갖고 있는 청결관이 중국인을 쓸 때도 아마 나오는 거라는 생각이 듭니다. 다시 말해 일본인의 장점이기도 할 결벽성이 중국인을 쓸 때는 오히려 독이 되고 마는 게 아닐까 하는 것입니다. 이는 어디까지나 저의 생각입니다.

서구의 여러 나라들은 전 세계 어디에서도 식민지 경영에 익숙하다고 하면 어폐가 있을지도 모르겠지만, 기본적으로 사람 부리는 것이 일본인보다 뛰어난 것 같습니다. 그러므로 서양인에게는 그다지 불만을 제기하지 않는데 일본인에게는 '비슷한 얼굴인 주제에 어딘지 모르게 거만한 거 아니야' 하는 반감이 강해지는 게 아닐까요?

반일 데모를 한다면 반유럽 데모도 하지 않으면 불공평하다고 말하고 싶지만, 그 원인의 일부는 일본인 자신에게 있을지도 모릅니다. 일본인은 사람 다루는 것이 거칠다는 수준의 문제가 아니라 원래 사람과 사람의 관계가 제대로 만들어지지 않는 점이 있다고 생각합니다. 구체적으로 말하자면 역할이나 임무에서 상하가 있는 것이 당연하다고 해도 그 상하는 어디까지나 직책에서이지 인간으로서는 대등하다는 의식이 몸에 배어 있지 않는 게 아닐까요?

인간적인 느낌과 사회적인 직책의 느낌은 다른 문제로, 일본의 기업인들이 이 두 가지가 다 중요하다는 것을 좀 더 이해한다면 중국인과도 더 잘 해나갈 수 있지 않을까 싶습니다.

저도 회사에 근무한 적이 있기 때문에 그런 부분은 어느 정도 알고 있습니다. 일본의 회사에서는 인간과 사회적인 직책이 모두 하나가 되어 직위 자체가 인간적 상하와 같아지는 일이 많습니다.

일본인에게는 직무를 떠나면 인간으로서 평등하다는 발상이 그다지 없습니다. 설령 일을 떠나도 어디까지나 직책은 직책이라는 식으로 생각합니다. 그리고 주변에서도 그렇게 대합니다. 그런 것이 중국인에게 반감을 사는 원인의 하나가 아닌가 싶습니다.

적대감은 열등감을 뒤집어놓은 것

일의 상하 관계에 대해서 저는 실컷 당했기 때문에 지금도 잘 기억하고 있습니다. 인쇄 잉크 제조 공장에 근무하기 시작한 무렵의 일이었는데, 작업 현장으로 가자 저보다 직책이 낮은 사람이 아주 매서운 눈매로 묵묵히 이쪽을 보고 있었습니다.

처음에는 이 분위기는 뭘까 하고 생각했는데 점점 자신이 반감을 사고 있다는 것을 확실히 알게 되었습니다.

대체 내가 어떤 사람인지도 모를 텐데 뭐에 반감을 가진 건가, 하고 당황했지만 상당한 시간이 지나자 드디어 스스로 납득할 수 있었습니다. 그들이 적개심을 가진 이유는 '저 녀석은 대학을 나왔다'는 의식이었습니다.

다만 저는 태평양전쟁 때 청춘기를 보낸 전중파戰中派이기 때문에 대학 연구실에서 조용히 공부만 한 것은 아니었습니다. 현장 일을 한 적도 있어서 산소 봄베나 염소 봄베 같은 무거운 것을 세운 채 굴려서 옮기는 일도 비교적 잘할 수 있었습니다.

공장에서의 일도 봄베를 다루는 작업이 있었기 때문에 가끔은 모두를 놀라게 해주려고 일부러 콕을 열어 쉭 하는 소리를 내게 한 적도 있습니다. 염소는 유독가스라서 다들 두려워하는 얼굴이었습니다.

그런 일이 거듭되면서 이 녀석은 대학을 나와 멍하니 들어온 놈이 아니라고 생각하게 된 모양인지 점차 대등하게 대해주었습니다.

대기업처럼 대부분이 인텔리라는 걸 알고 있는 회사에서는 그렇게 눈에 보이지 않는 대립 같은 것이 없을지도 모릅니다. 그러나 일반 제조 공장의 현장에서는 아마 지금도 그런 반감이나 마음속의 대립 같은 것이 있을 겁니다. 특히 기술 관계나 공업 관계의 현장에는 남아 있을 겁니다.

저의 경우, 윗사람이 으스대며 함부로 명령을 내리고 아랫사람은 영문도 알 수 없는 반감을 갖는 등 위에서도 아래에서도 괴롭힘을 받았기 때문에 이렇게 어처구니없는 일은 없을 거라고 생각했을 정도입니다. 그래도 이따금 윗사람에게 불만을 말해보기도 하고 아랫사람에게 으스대기도 하면서 그런 환경에 조금씩 익숙해가는 것이 일본 기업의 전형적인 모습이 아닐까요.

요컨대 일본의 경우, 일에서의 직책과 인간으로서의 관계를 분리할 수 없고 일을 떠나면 모두 인간으로서 같다는 식으로 생각하기 힘듭니다. 만약 그 분리를 제대로 할 수 있다면 일본인은 좀 더 인간관계가 원만해질 것입니다. 중국에서도 현지의 공원들로부터 그다지 불평이 나오지 않을 것이고, 기껏해야 다소의 반감을 가지는 정도로 끝날지도 모릅니다.

일본인은 결벽성으로 인해 무슨 일이든 빈틈없이 하고 싶은 마음이 강하기 때문에 직책이 위인 사람은 상당히 으스대는 것으로 보이고, 역으로 직책이 낮은 사람은 불필요한 열등감을 갖게 되는 게 아닐까요. 그중에는 정말 성격적으로 으스대는 사람도 있을지 모르지만 대부분의 경우는 일의 직책과 일상의 분리가 서툴 뿐이라고 생각합니다. 저는 그렇게 해석하고 있습니다.

사람을 볼 때는 살아 있는 모티프를 본다

직책에 의해 인간의 상하가 정해지지 않는 것과 마찬가지로, 일상생활에서는 성격이 어떻고 어디가 결함이며 또는 가정 안에 문제가 있는가 하는 것과 그 사람 자신이 프로로서 뛰어난가 어떤가 하는 것은 구별해서 생각해야 합니다. 같은 인간이기 때문에 어떤 점에서는 같은 의미를 갖겠지만, 그것은 다른 문제라는 점을 분명히 해두는 게 좋을 거라고 생각합니다. 그렇게 하지 않으면 여러 장면에서 착각하는 일이 있을 겁니

다. 예컨대 소세키든 오가이든 상관없는데, 그 사람은 대예술
가라서 인격, 기질, 그 밖의 면에서도 결함이 없는 완벽한 인물
이라는 식으로 생각하면 착각하는 일이 있을 겁니다.

남자는 비교적 그 구별을 할 수 있다고 느끼지만, 여자는 그
것이 힘든 모양으로 자주 혼동하는 것처럼 보일 때가 있습니
다.

최근의 풍조로서 유명인이나 정치가의 사생활에 어떤 문제
가 있으면 금방 사임하게 하거나 사회적으로 굉장히 큰 문제
가 됩니다. 훌륭한 말을 하기 위해서는 평소부터 훌륭한 언동
을 하는 것이 요구된다고 할 수 있겠지요. 인간의 심리로서 그
것을 요구하는 것은 당연한 일일 겁니다. 잘난 체하는 말을 했
으면서 자신에게는 그런 점이 어디에도 없다면 그것은 이상하
다고 하겠지요. 일반 사람들은 총리대신이나 대학 교수 같은
사람을 훌륭한 사람이라고 생각하기 쉽습니다.

그러나 그 사람이 개인으로서 성격도 성실하고 하는 일도
옳으니 훌륭한 인물이라고 생각하면 그것은 잘못이겠지요. 그
런 것은 별문제라고 생각하는 것이 좋습니다. 반대로 말하면
총리대신이니까 훌륭하다거나 대학 교수라서 훌륭하다, 또는
유명한 예술가라서 훌륭하다는 식으로 생각하지 않는 것이 좋
습니다. 사람을 볼 때 좀 더 중요한 것을 들자면, 그것은 그 사

람이 무엇을 지향하고 있는가, 무엇을 목표로 하고 있는가, 그 사람이 살아가는 모티프가 어디에 있는가, 하는 것이라고 말할 수 있을 것 같습니다.

이 사람은 이러이러한 모티프를 갖고 있어서 지금까지 이 러이러하게 해왔으니까 괜찮지 않을까 하는 식으로 그 모티프 안에서 훌륭하다거나 잘했다고 평가하고, 전반적으로 또는 인 간적으로 훌륭하다는 식으로는 생각하지 않는 것이 좋습니다.

그 사람이 목적으로 하는 바, 또는 전문, 직업으로서 하고 있 는 일에 입각하여 이만큼 여러 가지 것들을 생각하고, 이만큼 의 일을 하고 있으니까, 그런 점에서 보아 이 사람은 훌륭하다 는 식으로 생각해야 합니다.

그것은 인간으로서 훌륭하다는 것이나 사회적으로 훌륭하 다는 것과는 전혀 다릅니다. 어쩌면 그 일부일지는 모르지만 전부는 아니라는 식으로 평가를 구분하는 것이 좋을 겁니다. 잘하고 있는지는 모르겠지만, 적어도 저는 그런 생각으로 사람 을 보고 있습니다.

한 가지 재주가 뛰어난 사람 중에 인격자는 적다

도량의 넓이나 포용력이라는 점에서 문학 관계자는 그다지 좋은 평가를 받지 못하는 것 같습니다. 특히 소설가나 시인 같은 작가는 신경질적인 이미지가 있고, 자신과 타인의 차이를 얼마나 허용할 수 있는가 하는 범위가 좁다는 느낌이 듭니다.

이는 풍문이라 사실인지 어떤지는 모르겠지만, 가와바타 야스나리川端康成(1899~1972)라는 사람은 신입 여성 편집자가 찾아왔는데도 아무 말을 하지 않고 그저 묵묵히 있었다고 합니다. 가와바타가 내내 입을 다물고 있어서 그 편집자는 말을 붙일 엄두도 못 내고 결국 울음을 터뜨리고 말았다는 이야기입니다.

가와바타 야스나리는 원래 말하는 것을 좋아하는 편이 아니라고는 생각하지만, 편집자의 입장에서 볼 때는 아무 대답도 하지 않으면 자신이 화를 내게 한 것이 아닐까, 기분을 상하게 한 건 아닐까 하고 이런저런 생각을 하며 난감하겠지요.

분명히 예민한 감각이라고 하면 좋게 들리기는 하지만 가와바타를 비롯한 작가들에게는 오히려 신경질적이다, 제멋대로다, 포용력이 좁다는 말이 더 적합하다고 생각합니다. 그렇다고 해도 그것은 직업상 늘 마감에 쫓기거나 신경을 소모시키며 작품을 쓰기 때문에 직업병 같은 것일지도 모릅니다.

다만 한 사람의 인간으로서 교제하면 그런 직업병 같은 것은 있었겠지만, 적어도 한 사람의 독자로서 가와바타 야스나리를 본 경우 누가 봐도 대가라는 풍격이 있었습니다. 이런 대가의 풍격을 가진 작가는 가와바타 야스나리, 다니자키 준이치로谷崎潤一郎(1886~1965)가 최후의 세대라고 해도 좋겠지요. 우리 세대의 작가는 아무리 분발해도 그들 같은 대가가 될 수는 없습니다.

그렇다면 왜 지금 세대의 작가는 대가가 될 수 없는 걸까요?

그것은 생활인으로서의 인간적인 성숙과 문학적인 감각의 성숙 속도가 일치하지 않게 되었기 때문입니다.

가와바타나 다니자키의 시대에는 문학적 성숙과 함께 생활인으로서의 성숙을 기다려줄 세태라는 게 있었습니다. 그러므로 그때그때의 수준에서 문학적인 감각과 인간성이 일치한 작품을 만들어낼 수 있었습니다. 그런 단계를 거쳐 최종적으로 인간적으로도 문학적으로도 성숙한 작품을 쓸 수 있어 대가의 풍격을 갖출 수 있었습니다.

그러나 우리 이후의 세대는 그런 사회적 환경에 있지 않습니다. 요즘과 같은 세상은 머리가 잘 돌아가고 감각이 뛰어난 작가에게 인간적으로 성숙하기를 기다려주지 않습니다. 그 균형을 잡지 못하기 때문에 요즘 작가는 문학적으로 성숙해도 인간적으로 성숙할 수가 없는 것입니다.

옛날 작가는 대체로 문학성과 인간성의 균형을 잡을 수 있었습니다. 물론 가와바타의 경우에도, 다니자키의 경우에도 일상생활을 24시간 들여다보면 성격적인 결함이 많을 가능성이 충분히 있습니다. 하지만 한 사람의 독자로서 보는 한에서는 조화를 이룬 대가라는 것은 의심할 여지가 없습니다.

가와바타 야스나리는 조화로운 작품을 썼습니다. 다니자키 준이치로도 에로틱하지만 정서가 있고 폭신한 작품을 썼습니다. 하지만 전후戰後의 문학자 중에는 일단 그런 사람이 없습니다.

예를 들면 동시대의 작가 중에서 제가 가장 좋다고 생각하는 이는 최근에 세상을 떠난 고지마 노부오小島信夫(1915~2006)입니다. 그는 사회인, 생활인으로서 조금도 성숙한 사람이 아닙니다. 일부러 남이 싫어하는 말을 하는 사람이었습니다. 하지만 일본의 문학자 중에서는 최고의 작가라고 생각합니다.

현재 소수이지만 의식적으로 대가에 다가가려는 작가가 있다면 그 사람은 무라카미 하루키村上春樹(1949~)일 것입니다. 그는 스스로 어떻게 생각하는지 모르지만 옆에서 보는 한 아직은 아무도 대가라고 생각하지 않습니다. 아직 그런 나이도 아니지만 그 사람의 소설을 보면 의식적으로 조화를 유지하려고 유의하고 있는 것 같습니다. 그러므로 일본인이 노벨문학상을 받게 된다면 아마 그가 받게 되지 않을까요?

그 이외의 경우 작품의 질, 조화, 원숙도 등 모든 면에서 불만이 없는 사람이 보이지 않는 것 같습니다. 물론 무라카미 하루키도 결코 완벽하지는 않지만, 그 사람의 소설에서는 그런 면을 의식하고 있다는 것을 읽어낼 수 있습니다.

무라카미 류村上龍(1952~)는 천재적인 데가 있고, 그 때문에 조화를 깨고 이따금 어처구니없는 것을 써서 놀라게 하는 일이 있습니다. 노벨상은 그런 작품을 별로 좋아하지 않습니다.

그렇게 되면 역시 일본에 노벨문학상을 받을 차례가 오면 무라카미 하루키가 받을 가능성이 가장 높아 보입니다.

일상의 속도와 원숙의 속도가 뒤죽박죽이다

대가가 적어지는 또 하나의 원인으로는 작가를 둘러싼 환경의 변화를 들 수 있습니다. 매스컴이 카메라를 들고 여기저기에 대기하고 있어서 신비함을 유지하려고 생각해도 굉장히 어렵습니다. 그래서 전설이 되는 경우 자체가 적어졌습니다.

예컨대 아쿠타가와상을 받은 사람은 누구든 알고 있고 어디서 뭘 하는지, 어떻게 자랐는지 다들 알게 됩니다. 그중에는 좋아하는 작가를 쫓아다니는 열광적인 팬 같은 사람도 있어서 인터넷 공간에서 그런 점에 대해 입방아를 찧기도 합니다.

대가라는 것은 각자가 모두 여러 가지 생각을 품고 있는 사람이라는 이미지에서 말하자면 프로야구의 오 사다하루王貞治(1940~)나 나가시마 시게오長嶋茂雄(1936~) 같은 스타 선수, 정치가인 다나카 카쿠에이 같은 사람이 해당하겠지요. 하지만 그런 카리스마가 있는 작가는 이제 나타나지 않을지도 모릅니다. 그 이유 중 하나로 문명의 발전과 함께 다양한 기계나 도구가 발달하여 독자와 필자 사이를 가깝게 만든 것을 들 수 있습니다. 또한 작가 쪽도 원숙의 영역까지 꾸준히 쌓아가는 경우가 점점 없어지고, 일정한 기간에 순간적으로 필력을 발휘하는 경향이 강해진 점도 있다고 생각합니다.

그러나 문명의 이기에 의해 독자와 필자의 거리가 아주 가까워짐과 동시에, 관점에 따라서는 훨씬 멀어진 것도 사실입니다. 다시 말해 문학이나 작가에게 관심이 없다면 그 사람의 작품을 읽을 기회가 완전히 없어졌다는 것입니다.

좁아진 부분과 넓어진 부분이 생기고 말았고, 게다가 그 낙

차가 크기 때문에 딱 버티고 앉아 소재를 생각하거나 끊임없이 취재 여행을 하는 사람은 이제 별로 없어졌습니다. 인간 자체에 지속성이 부족해졌기 때문에 평생에 걸쳐 꾸준히 쌓아올리는 작업을 하기 힘들어졌다는 측면도 있을 겁니다.

그런 것도 역시 일상생활의 속도와 재능이나 감각이라는 것의 진전 방식이 잘 맞지 않게 된 것과 관계가 있겠지요. 그것이 가와바타 야스나리나 다니자키 준이치로 같은, 세상 독자와의 거리감에서 보든 어디서 보든 듬직한 '대가'라는 유형이 생겨나기 어려워진 원인일 거라고 생각합니다.

독자 측에서도 불가능하고, 작가 자신도 꾸준히 해서 평생 조금씩 진보해가는 방식으로 인생을 보내는 사람이 없어지고 말았습니다. 만약 앞으로 그런 사람이 나온다면 다시 대가가 부활할지도 모릅니다. 하지만 지금의 상황은 극단적으로 말해 중간소설 작가 같은 한판 승부여서 '이게 터지면 된다'는 마음이 강해진 것처럼 보입니다.

문예잡지의 현 상황도 거기에 박차를 가하고 있습니다. 언론은 원래 좌우가 확실히 나뉘어 대립해야 하는데, 고단샤講談社의 〈군조群像〉, 문예춘추文藝春秋의 〈문학계文學界〉, 신초샤新潮社의 〈신초〉는 어디를 우라고 말하고 어디를 좌라고 말해도 독자가 보면 조촐한 우스꽝스러움밖에 느껴지지 않는 점이 있습니다. 그런 문학을 둘러싼 환경에서 생각해도 역시 현대는 대가가 생기기 어려운 시대라고 생각합니다.

허업과 실업

호리에몬은 허업가虛業家라고들 하는데, 허업과 실업은 대체 뭘까요? 호리에몬이 체포되고 나서, 특히 허업은 나쁘고 실업이 가치가 있다는 가치관에 입각해서 보도되어온 것처럼 보입니다. 하지만 저는 그렇게 단순하게 나누는 방식은 위험하다고 생각합니다.

많은 사람에게 직업의 좋고 나쁨을 판단하는 기준은, 이익으로 이어지는 작업이 얼마나 구체적으로 보이고, 그것이 자기 이익이든 사회적 이익이든 얼마나 유효한가와 관련되어 있는 게 아닐까요.

그렇게 되면 문학은 허업 중의 허업이 됩니다. 그중에는 일반 사람들에게 인기 있는 작품을 잘 쓸 수 있어 팬도 많고 책이 많이 팔려 큰 이익을 얻었다는 사람도 있을지 모르지만, 대체로 문학으로 큰돈을 벌었다는 이야기는 우선 별로 들어본 적이 없습니다. 유명 작가라고 해도 대단치는 않다고 생각합니다.

그러므로 만약 이윤이라는 눈에 보이지 않는 유효성을 기준으로 생각한다면, 문학은 거기서 가장 먼 위치에 있습니다. 이윤과 그 유효성에 대해 말하자면, 같은 문학이라도 소설보다는 시가 더 못합니다.

하이쿠나 단카短歌는 전통도 있고, 짓고 있다는 사람이 꽤 많습니다. 그것은 또 다른 유효성이 있고 다른 방식으로 도움을 주는 점이 있다고 생각합니다. 그것에 비해 소설을 읽는 것은 아주 귀찮고, 또 귀찮은 소설일수록 읽는 사람이 적습니다. 그리고 시는 더 적습니다. 그래도 소설이나 시를 쓰고 싶다는 사람은 있습니다.

그렇다면 왜 소설이나 시를 쓰려는 걸까요. 실제로 소설이나 시를 쓰는 사람에게 "당신은 왜 소설가가 되었습니까?", "당신은 왜 시인이 되었습니까?" 하고 물어보면 아마 시를 쓰거나 소설을 쓰는 것이 먼저 자신에게 위로가 되었기 때문이라고 답할 거라고 생각합니다.

처음에는 소설이나 시로 자신의 마음을 표현함으로써 어딘지 모르게 해방감을 느끼거나 일상에서 벗어나 기분이 좋아지는 일도 있을 겁니다. 그러다가 읽는 사람이 점점 늘어나고, 예컨대 잡지 〈군조〉나 〈문학계〉가 "그 사람한테 소설을 쓰게 해"라는 식이 되어 더 많은 독자의 눈에 닿게 됩니다. 그래서 수입이 조금 늘었을지도 모른다, 하는 식으로 확대되어가는 것이 작가의 일반적인 패턴이라는 생각이 듭니다.

그렇다면 눈에 보이는 문학의 유효성이 뭐냐고 물으면 어떻게 대답해야 좋을까요. 결국 처음에는 오로지 자신을 위로하기 위해 남몰래 썼던 것이 왠지 모르게 남의 눈에 띄게 되어 고정 독자가 늘어갑니다. 그리고 고정 독자에게도 작품이 그 사람을 위로하는 데 도움이 된다는 것이 문학의 본질적인 유효성 아닐까요.

다시 말해 자기 자신을 위로하는 데서 시작한 것이 우연히 독자의 눈에 띄어 독자에게 위로가 된다거나 그 사람의 정신 상태에 어떤 긍정적인 효과를 주는 것이라고 생각합니다. 그런 것이 유일하게 도움이 되는 게 아닐까요.

근원을 밝히자면 문학은 그 정도의 것이지만, 적어도 그것이 유효성을 갖는다고 생각할 수밖에 없습니다. 그렇게 시시한 유효성이라고 해도 작가가 되고 싶고 시를 쓰고 싶은 사람이 있고, 설령 아무런 활약을 하지 못한다고 해도 도저히 쓰는 것을 그만둘 수 없는 것입니다.

만약 돈을 벌고 싶다면 직접적으로 돈으로 변환하는 일을 하는 것이 낫다고 생각합니다. 저는 그런 쪽 사정은 어둡지만, 호리에몬처럼 라이브도어 같은 사업을 하는 것이 직접적이고 좋겠지요. 그것도 법률에 위반되지 않게만 했다면 불평을 들을 이유도 없었을 것입니다. 실제로 눈에 보이게 확실한 이익을 거두었으므로 직업으로서 가장 확실하고 어떤 의미에서는 떳떳하지 않을까요.

그러나 인간은 설령 금전적 혜택을 받아 아무런 부자유함이 없는 생활을 할 수 있게 된다고 해도, 그것만으로는 정신적으로 해결되지 않는 법입니다. 인간의 어딘가에 그런 기질이 남아 있는 한 문학도 사라지지 않을 거라고 예상할 수 있습니다. 돈을 벌지 못하지만 쓰는 것을 그만둘 수 없다는 사람들은 아무리 시간이 지나도 존재하겠지요. 그것은 인간이 갖고 있는 복잡함의 표현이고, 그것이 동물과 약간 다른 점입니다.

선의의 강매

저는 허업인가 실업인가 하는 관점에서 직업을 보고 그 좋고 나쁨을 판단하는 것은 위험하다고 말했습니다. 허울 좋은 말을 하자면 직업에는 귀천이 없습니다. 오히려 문제인 것은 어떤 직업에도 이로움과 독이라는 양면이 있고, 그 이로움·독과 인간이 어떻게 뒤엉켜 있는가 하는 점일 겁니다.

예컨대 어떤 직업으로 멋진 경험을 하고 행복한 인생을 보내는 사람도 있고, 같은 직업을 가져도 가혹한 생각을 하며 실의에 빠져 인생을 보내는 사람도 있습니다. 직업의 차가 그대로 인생의 차가 되지는 않습니다.

저는 각각의 직업이 가지는 이로움과 독을 정확히 자각하는 것이 좋다고 생각합니다. 막연히 남에게 도움이 되는 일을 하고 있으니까 자신이 좋은 인간이라는 오해는 하지 않는 게 좋겠지요. 그런 일에도 반드시 얼마간 독이 퍼져 있을 것입니다.

예컨대 제가 입원을 했을 때 가장 곤란했던 것은 밤중에 화장실에 가려고 하다가 달그락 소리를 냈더니 곧 숙직 간호사나 의사가 "괜찮습니까?" 하고 물으러 오는 것이었습니다. 내버려두면 좋겠다고 생각했습니다. 좀 더 자유롭게 놔두라고 말하고 싶지만, 상대가 너무 친절하다고 할까, 선의로 하는 거라서 아무 말도 할 수 없게 됩니다. 거기에는 정말 질렸습니다. 직업적으로도 인간적으로도 너무나도 마음을 써줍니다. 간호를 받는 쪽은 오직 고마워하기만 하리라는 걸 의심하지 않기 때문입니다.

그런데 반대로 환자 쪽에서 보면 굉장히 자유를 빼앗기는 느낌이 듭니다. 선의도 때와 경우에 따라서는 폐가 된다는 것도 자신의 직업이라면 더욱 자각해야 한다고 생각합니다.

같은 독이라고 해도 스님의 경우는 또 약간 다릅니다. 이유는 잘 모르겠지만, 스님은 누구라도 일을 하는 동안 어느새 점점 스님 냄새를 풍기게 됩니다. 그것은 단지 스님 모습을 하고 있어서가 아닙니다. 아무래도 자신의 직업으로서 일을 열심히 할수록 스님다워지는 것 같습니다.

애초에 '스님답다'는 것은 대체 뭘까요. 예컨대 종파에 따라 지켜야 할 것을 지키고 스님답게 행동하는 것을 들 수 있습니다. 하지만 그것을 제외하면 뭐가 있을까요. 죽은 사람을 빈번하게 접하는 것이 아닐까요. 사체에 익숙하다는 것은 스님의 풍모에 막대한 영향을 미친다고 생각합니다. 좋은 일이든 싫은 일이든 그것이 스님다움에 가장 큰 영향을 주는 게 아닐까요.

세토우치 자쿠초瀬戸内寂聴(1922~) 씨가 텔레비전이나 강연에서 죽는 것은 두렵지 않다고 자주 말하는데, 그렇게 말해도 저는 그다지 믿지 않습니다. 다만 세토우치 씨는 스님이니까 죽음에 익숙해 있을 뿐이지 않을까요. 죽는 것이 두려운지 두렵지 않은지는 노인이 되어 곧 죽을 것처럼 되지 않으면 사실 모르는 거라고 생각합니다.

저의 실감에서 말하자면 죽는 것이 두려운지 아닌지 그런 감각은 전혀 모르겠습니다. 그 전에 노인이니까 자신이 그렇게 되고 나서야 비로소 진지하게 생각하게 되었다고 말해야 할 정도로, 전혀 생각하지 않았습니다.

노인이 되면 어떻게 될까 하는 것은 자신이 젊을 때 생각해도 어쩔 도리가 없는 문제입니다. 생각한다고 알 도리가 없고 그런 것은 쓸데없는 일이라고 생각하기 때문에 생각하지 않았습니다. 죽음에 대해 다소나마 생각하기 시작한 것은 제가 연령적으로 노인이라는 영역에 들어서 병과 친하게 되고 나서입니다.

스님 중에는 신란만이 죽는 것은 알 수 없는 것이라고 단언하며 죽을 때의 일을 그다지 생각하지 않는 것이 좋다, 어떤 식으로 죽는지는 모르는 일이라 생각해도 쓸데없다는 의미의 말을 했습니다. 저는 이것이 좋은 사고라고 생각합니다.

형제가 죽거나 친척이 죽는 것은 이따금 경험하는 일인데, 그때 최후까지 절실하게 병자를 보는 것은 옆에서 간호한 사람일 겁니다. 예컨대 의사로부터 더 이상 손쓸 수 없다는 말을 들었다고 해도 옆에서 열심히 간호해온 사람이 허락하지 않으면 연명 장치를 뗄 수 없습니다. 그 사람이 "이제 됐습니다"라고 하지 않으면 연명 장치를 떼지 않는 것이 아주 일반적인 심정이라고 생각합니다. 저의 친척 중에서도 그런 일이 있었습니다.

그러므로 죽음의 문제는 의사에게 속하는 것도 아닙니다.

설사 의사가 아무리 분발했다고 해도 간병해온 사람이, 의식이 돌아오지 않아도 살아 있는 것만으로도 좋다고 할 경우 멋대로 안락사를 시키면 살인죄가 됩니다.

그렇게 생각하면 사실 죽는 사람 자신에게도 자신의 죽음은 알 수 없는 일이 됩니다. 옆에 있는 사람이 연명 장치를 떼도 좋다고 납득할 수 있을 만큼 철저히 간호나 간병을 할 수 있었던 것이 아니라면 죽음은 정해지지 않습니다. 죽는 사람 본인도 어떤 식으로 죽을지 모르기 때문에 죽음에 대해 생각해도 쓸데없는 것입니다.

아무리 스님이 "죽음은 두렵지 않다"고 애써 말해본들 그것은 그저 사체에 익숙해 있을 뿐이지 않는가, 하고 말하면 그뿐입니다.

그러므로 죽음은 두렵지 않다는 번드레한 말을 그다지 큰 소리로 말하지 않는 것이 좋지 않을까 싶습니다.

인간다운 거짓말은 용서한다

직업의 독에 대해 좀 더 생각해보기로 하겠습니다. 흔히 출판사에 들어가고 싶다는 사람에게 이야기를 들으면 장래에 작가가 되고 싶어서라고 대답하는 사람이 있습니다. 하지만 만약 장래에 작가가 되고 싶다고 생각한다면 편집자라는 직업은 가까운 것 같지만 가장 먼 곳에 있는 것이라고 생각하는 것이 좋을 겁니다.

장래에 어엿한 작가 되고 싶다고 생각하면 늘 글을 쓰는 것도 필요하지만 편집자라는 일은 임시로 하는 것이라고 생각하는 편이 좋을 거라고 생각합니다. 왜냐하면 역시 편집자에게는 편집자의 독이 있기 때문입니다.

첫째로 오랫동안 편집자를 하고 나서 소설가가 되었다는 사람은 거의 없습니다. 제가 알고 있는 사람 중에는 그런 사람이 한 명도 없습니다.

왜냐하면 그것이 편집자라는 일이 가진 독이기 때문입니다. '눈이 높고 기량이 떨어진다'는 것입니다. 다시 말해 눈이 높습니다. 이 작품은 어느 정도이고 어떻다든가 하는 감정은 할 수 있습니다. 하지만 그럼 네가 써봐, 라고 하면 기량이 그 수준에 한참 미치지 못합니다. 자신의 눈과 자신의 기량의 거리가 생겨 그 자의식이 자신을 제지하기 때문이겠지요.

이미 수년 전에 세상을 떠난, 제가 오랫동안 교제해온 야스하라 켄安原顯(1939~2003)이라는 편집자가 있습니다. 야스하라 군이 어느 날 〈와세다 문학早稲田文學〉인가 어딘가에 소설을 썼

다고 하며 가져와 "봐주세요. 소설을 써봤습니다"라고 말한 적
이 있습니다.

어떤가 하고 보니 시대 소설인 듯한 작품이었습니다.

읽어보았으나 재미도 뭐도 없었습니다. 당시 그는 도서신문
같은 곳에 문예시평을 싣고 있었습니다. 그 글은 짧지만 비교
적 재미있었습니다.

그래서 저는 그때 일부러 시대 소설 같은 걸 쓰지 말고 늘
쓰는 문예시평에 군더더기를 붙여 소설로 만들면 어떻겠느냐
고 충고했습니다. 늘 쓰던 작가에 대한 험담에 살짝 장식을 붙
이면 독자적인 독자를 획득할 수 있을 거라고 생각했기 때문
입니다.

일부러 시대 소설을 썼는데 본인은 여러 가지로 궁리했다고
생각하겠지만 전혀 잘 쓴 게 아니었습니다. 잘 썼다고 생각하
는 것은 본인의 착각이고, 편집자라는 일을 해서 눈이 높아졌
기 때문에 자기 기량과의 낙차를 깨닫지 못한 것입니다. 옆에
서 봤기 때문에 잘 알 수 있었습니다. 하지만 완고한 사람이어
서 제 의견 같은 걸 들을 리 없었습니다.

얼마 전의 화제입니다만, 무라카미 하루키가 〈문예춘추文藝
春秋〉에 실은 글에 야스하라 군이 자신의 자필 원고를 무단으
로 고서점에 넘겼다고 써서 약간 화제가 되었습니다. 물론 필

요 없게 되었다고는 하나 원고를 허락도 없이 편집자가 제삼자에게 넘긴 것은 좋은 일이 아니지만, 무라카미 하루키 정도의 사람이 일부러 잡지에 글을 실어 고발하는 것 자체도 이상한 일입니다.

야스하라 군은 암으로 세상을 떠났다고 하는데, 부인의 친정에 신세를 지며 간병을 받았다고 합니다. 그런 일이 어쩌면 다소나마 괴로웠을지도 모르겠습니다. 게다가 그 원고는 이미 잡지에 실려 활자가 된 상태였기 때문에 무라카미 하루키에게는 반드시 필요한 것이라고는 말할 수 없습니다.

그런데 무라카미 하루키는 글에서 고명한 비평가 ××××라고 익명으로 처리하며 그 비평가가 야스하라 군이 쓴 소설을 칭찬했다고 썼습니다. 아무래도 그 비평가는 전혀 고명하지 않은 저를 말하는 모양이었습니다. 저는 고명하지 않고, 대체 제가 쓴 비평을 무라카미 하루키가 읽은 적이 있을까, 하고 생각했습니다.

게다가 제가 야스하라 군의 소설을 칭찬했다는 것도 틀린 이야기입니다.

하지만 어쩌면 야스하라 군은 정말 무라카미 하루키에게 고명한 비평가 ××××로부터 소설에 대한 칭찬을 들었다고 이야기했을지 모른다고 생각합니다. 실제로 뉘앙스가 조금 다르지만 그 정도의 과장이나 거짓말은 인간적이고 별 상관이 없다고 생각합니다.

확실히 저는 문예시평을 좀 꾸미면 꽤 괜찮은 소설이 될 거네, 하는 식으로 말했기 때문입니다.

곤란하면 속임수라도 쓸 수밖에 없다

출판사는 어떤 의미에서 문화 사업을 하고 곳이라 문화적인 수준을 유지하는 걸 끊임없이 생각해야만 합니다. 한편 기업이기 때문에 동시에 이윤을 내서 크게 키워나가는 것도 생각해야 합니다. 이 두 가지의 모순을 잘 조절하는 것 외에는 방법이 없는데, 그것이 현재와 같은 불황에는 가장 문제가 될 것입니다.

큰 출판사도 옛날에 비하면 역시 여러 가지 점에서 힘들어졌을 겁니다. 그러나 그보다 작은 곳은 더욱 심할 텐데, 두세 명의 가까운 친척이 해나가는 출판사는, 극단적으로 말하면 속임수를 쓰는 것 외에는 설자리가 없는 상황에 이르렀습니다.

저는 그런 영세 기업 같은 회사와도 교제를 많이 해서 아는데, 어딘가에서 생각을 고치지 않으면 위험하다고 생각하는 일이 있습니다. 예를 들어 돈을 벌고 있는 회사가 조금 원조해주는 일이 없는 한 모럴은 황폐해져갈 뿐입니다.

뜻이 높고 문화적 이상에 불타 출판 활동을 시작했다고 해도 환경이 가혹해지면 속임수를 쓰는 수밖에 없어집니다. 비교적 견실하던 출판사가 도산하여 대리로 운영하러 들어온 기업 사람이 어떻게 이런 속임수 같은 일을 하고 있었느냐고 비난한 일이 있었습니다. 하지만 사람은 곤란해지면 속임수라도 쓸 수밖에 없는 것이라 너무 융통성이 없는 태도로 비난하지 말라는 말을 하고 싶습니다.

무라카미 하루키의 육필 원고가 고서점으로 흘러갔다는 이야기를 했는데, 어쩔 수 없다고 하면 화를 낼지도 모르겠지만 지금의 중소기업이나 중산층의 중하에 속하는 사람이라면 현실적으로 어쩔 수 없는 경우도 있지 않을까 싶습니다.

저는 옛날에 돈이 궁했을 때 어떤 사람이 서명을 해서 준 책을 팔곤 했습니다. 그런데 그 책을 준 사람에게 발각되어 지적을 받고 진심으로 사과를 한 적이 있습니다.

그것은 특별히 의도가 있어서 한 일이 아니었습니다. 남이 책을 줄 때는 대체로 책의 면지에 본인이 서명을 해서 줍니다. 그 경우, 서명이 있다며 비싸게 팔리는 사람도 있지만 제 친구 중에 서명이 있어서 책의 가격이 올라가는 사람은 없었기 때문에 서명이 들어간 책을 팔려고 할 때는 서명이 들어간 면지를 면도기로 잘라내고 나서 팔았습니다. 헌책방 주인은 전문적인 직업인이라 잘라냈군, 하고 간파하지만 양해를 하고는 돈을 좀 깎고 줍니다.

그런데 서두를 때는 무심코 서명이 쓰인 면지를 잘라내지 않고 팔아버리는 경우도 있습니다. 운 나쁘게 그것을 당사자에게 들켰던 것입니다. 본인에게 난처한 처지를 설명하고 서두르는 바람에 죄송하게 되었다며 사과하자 우스갯소리로 넘어갔습니다.

육필 원고를 팔아 돈을 손에 넣었다는 것은 분명히 좋은 일이라고는 말할 수 없겠지요. 하지만 저는 그것이 일방적으로 비난할 만한 일인지는 잘 모르겠습니다. 그런 행위를 한 사람에게는 그렇게 하지 않을 수 없는 사정도 있었을 거라고 생각해야 합니다. 적어도 잡지에 글을 쓰면서까지 그렇게 비난하지 않는 게 낫지 않았을까요.

제 경우, 서명이 들어간 책을 팔아버려 책을 보내준 사람과의 우정까지 배신했다는 괴로운 마음이 항상 따라다녀 좋지 않은 일을 했다고 생각했습니다. 물론 그렇게 하지 않는 것이 가장 좋다는 건 잘 알고 있지만, 어려울 때는 어쩔 수가 없습니다. 밥을 먹기 위해서라고 생각하면 다른 것에 마음을 쓸 여력이 없습니다.

물론 세상의 상식에서 보자면 육필 원고를 파는 짓은 해서는 안 되는 일이지만, 때와 경우와 상황에 따라서는 관대하게 봐줄 수도 있습니다. 그런 일이 없으면 세상은 너무 메말라버립니다. 사람으로서 나쁜 일을 해서는 안 되지만, 안 된다는 걸 알면서도 하는 것을 봤을 때는 자신도 같은 처지라면 그렇게 할지도 모른다고 상상할 수 있기 때문에 무조건 화를 낼 수만은 없습니다.

4

태도는
얼굴에 드러난다

외모를 신경 쓰는 것은 동물성의 흔적

저 역시 외모에 신경을 씁니다. 별로 붙임성이 없다는 것도 신경을 씁니다. 그리고 그것은 인간이 갖고 있는 일종의 동물성의 흔적이 아닐까 생각합니다.

언젠가 시인 다무라 류이치田村隆一(1923~1998) 씨에게 이런 질문을 한 적이 있습니다.

"여성으로서 외모가 미인인 사람은 심신 모두 충실해서 경제적으로도, 정신적으로도 혜택 받은 생활환경에 있는 사람이 많은 게 아닐까요? 어떻게 생각하시나요?"

하지만 일언지하에 부정당하고 말았습니다.

"자네, 바보 같군. 만약 그렇다면 일본에서 가장 부자라든가 권력이 있다든가 사회적 지위가 높다든가 하는 사람의 부인이 가장 미인이라는 얘기가 되는 거 아닌가? 뭐, 그런 사람이 있을지는 모르지만, 그런 것은 전혀 관계없네. 자네의 말은 지나치게 단순해."

이 말을 듣고 저는 이렇게 생각을 고쳐보았습니다. 즉, 여성의 미추나 행동거지, 남자의 경우에는 상식적으로 남자의 장점으로 여겨지는 성격이나 기풍, 그런 외모에 신경을 쓰는 것은 동물성의 흔적이 아닐까 하고 말이지요. 이건 극단적인 생각일지도 모르지만, 만약 인간과 다른 동물의 차이가 두드러져서 가늠할 수 없을 정도의 거리감이 생긴 시대가 된다면 인간에게 외면적인 요소는 의미가 없어지고 저절로 소멸하지 않을까요.

아직은 그렇게 되지 않았으니까 외면만을 가다듬으려는 사람들도 많고 그런 사고가 주도적으로 통용되는 면도 있습니다. 그런가 하면 완전히 반대로, 그런 것은 전혀 관계없이 생활하며 오로지 학문이나 과학 등을 하는 사람들도 있습니다.

지금은 양자가 각각의 특징을 발휘하려고 결사적이 되었고, 양자의 사고가 줄지어 서 있는 상태인 거라고 생각합니다.

그러나 머지않아 양자의 대립 관계도 없어지고 외모에 대해 그다지 문제 삼지 않게 되지 않을까 하고 막연히 생각하고 있습니다.

동물성의 흔적이라는 관점에서 눈이나 귀의 감각, 몸을 움직이는 운동성이라는 것을 생각해보면, 동물의 경우는 예컨대 사냥감 같은 게 보이면 반사적으로 달려들어 잡아먹기도 하고, 공포를 느낀다면 무의식중에 피하기도 합니다. 한편 인간의 경우는, 다소나마 '이건 어떻게 된 일이지?' 하며 생각하고 행동합니다. 그러므로 인간의 반사 능력은 동물보다 떨어지는 것입니다.

저는 고양이 네 마리를 키우고 있는데, 그 외에 처마 밑을 어슬렁거리는 고양이라든가 밥만 먹으러 오는 고양이라든가 여러 고양이가 찾아옵니다. 흥미롭게도 고양이는 한 마리만 귀여워하는 것으로 보였을 때는 서로 싸움을 시작합니다.

이를 인간에게 적용하면 '질투'라는 말로 표현할 수 있겠지요. '저 녀석만 특별대우를 받고 있다'고 본능적으로 느끼면 싸움을 하거나 사이가 나빠집니다. 이런 반응은 고양이와 같은 것으로, 동물성의 흔적이라고 생각하는 게 나을지도 모릅니다.

이런 동물성의 흔적에 따른 문제에 관해서, 인간은 진짜 동물 정도의 반사적인 행동은 하기 힘들다고 생각합니다. 왜냐하면 외견과 내용물은 반드시 일치하지 않는다거나 복장이 꼭 성격을 나타낸다고는 할 수 없다고 하는 것처럼, 인간의 경우는 양자를 다소나마 분리할 수 있고 머리로 생각하기 때문입니다.

노인은 더욱 인간다운 인간

인간은 동물만큼 반사적인 행동을 할 수 없다고 해도 직업에 따라서는 그게 불가능하면 곤란한 일도 있습니다. 예컨대 모델이나 여배우는 반사적으로 예쁘다거나 좋다고 생각되지 않으면 장사가 되지 않습니다. 스포츠 선수도 동물 못지않게 반사적으로 반응하는 사람일수록 잘하고 그 세계에서 우수하다고 합니다.

유도 선수 다무라 료코田村亮子, 결혼하여 다니 료코谷亮子가 된 그녀는 좋은 예일 겁니다. 그녀에게는 반사적인 반응이 있고 자신도 그것을 알고 있습니다. 그녀가 유도로 일본 최고가 되었을 때, 어떤 선수가 다무라 료코는 굳히기를 잘하니까 그녀를 능가하기 위해 자신은 여자 레슬링의 굳히기 기술을 배웠다고 말했습니다.

그런데 다무라 료코의 이야기는 전혀 달랐습니다.

"저는 특별히 팔 힘을 키우려고 생각하지 않습니다. 물론 남들이 하는 것만큼은 하지만 그 이상은 하지 않습니다. 어딘가를 강화하는 연습도 하지 않습니다. 저는 단지 이 기술을 써서 상대가 거기에 걸리지 않았을 때는 반사적으로 다음 기술이 나오는 훈련, 그런 수련을 하고 있습니다."

스포츠는 동물처럼 반사적으로 움직일수록 뛰어나다고 할 수 있는데, 텔레비전에서 두 사람의 이야기를 듣고 역시 료코 씨가 한 수 위라고 생각했습니다. 그 정도까지 동물성을 높이고 강하게 하지 않으면 일본 최고가 될 수 없고 올림픽에서 금메달을 딸 수도 없을 겁니다.

이렇게 동물성이 요구되는 전문 분야나 직업도 있지만, 일반적으로 말하자면 학자처럼 머리를 쓰는 사람은 늘 책상 앞에 앉아 있기 때문에 몸의 운동성은 저절로 나빠집니다.

운동성 능력을 발휘하는 직업을 가진 사람은 동물처럼 반사적으로 몸이 움직이도록 훈련을 하는 것이지만, 학자는 운동 능력을 목표로 할 수 없기 때문에 다리와 허리가 점점 약해져 동작이 어설프게 되는 일도 있습니다.

다만 앞으로 사회가 좀 더 진보하여 세상이 편리해지면 인간에게서 동물성 요소가 적어질 거라는 생각이 듭니다.

그런데 요즘 아이들의 운동 능력이 떨어져 철봉에서 거꾸로 오르기를 할 수 없는 어린이가 늘어난다는 이야기를 듣습니다.

하지만 이는 동물성 요소가 적어졌다는 이야기와는 좀 다릅니다. 성장기에 있는 아이의 경우 어느 시점에 그것을 하지 못해도 다소 진지하게 몰두하면 보통 정도는 할 수 있게 됩니다.

노인은 이제 그런 능력의 향상이 어렵다고 생각하지만, 제 경험으로는 재활 운동을 하면 이 나이에도 운동 능력이 조금은 나아지는 것 같습니다. 물론 젊은 사람만큼은 아니겠지만 나이를 먹어도 몸의 가소성可塑性은 남아 있겠지요.

하지만 재활 운동을 하며 작업 치료occupational therapy나 물리 치료physical therapy를 하는 사람으로부터 아주 노인 취급을 당하면 심사가 꼬이는 일이 있는데, 그럴 때는 '나는 보통 사람에 비해 신체 동작 능력이 동물과 아주 동떨어져 있을 뿐이다'라고 마음속으로 허세를 부립니다.

그것은 좀처럼 인정받지 못하지만 몸의 운동성과 판단의 운동성이 둔해졌다는 것은 나이가 들었을 뿐이라는 문제가 아닌 것 같습니다. 다시 말해 이치에서 보면 노인이라는 것은 인간 안의 동물성이 극한까지 작아진 아주 인간다운 인간이라는 것이고, 그것은 원래 노인이 좋게 평가받아야 할 점이라고 생각합니다.

젊은 사람은 노인을 모욕하지만, 제가 보기에 노인은 '초인간'입니다.

사람의 매력은 30대 중반부터

외견만이 아니라 그 사람 자신의 매력이 가장 잘 드러나는 것은 30대 중반을 지나고 나서입니다.

좀 더 말하자면 노인 부류에 들어가게 되고 나서 확실히 드러나는 것 같습니다. 그러므로 그런 때야말로 꺼리지 않아야 합니다. 노경에 들고 나서야말로 의도적으로 젊게 보이려는 궁리를 하는 것이 좋습니다.

이런 부분은 좀 잘못된 게 아닐까요. 나이가 들면 겸허해지는 것이 좋다, 겸허해야 한다는 자기 규제가 작동합니다. 그것은 고지식한 확신입니다.

노인이라고 위축되지 말고 젊게 보이는 궁리를 하는 것이 외견에도 좋지 않을까 싶습니다. 몸차림을 단정히 하고 외견을 의식하는 것, 그것이 정말 필요한 것은 사실 나이를 먹고 나서가 아닐까요.

보통 남성의 경우에도, 나이가 든 여성이니까 움츠러드는 것이 좋다고는 생각하지 않습니다. 그때그때의 충실감이나 아름다움은 제대로 나오는 것이기 때문에 자연스럽게 또는 다소 옷차림에 신경을 써서 젊게 꾸미면 남자들이 '근사하다'고 볼 겁니다.

남녀·연령에 상관없이 복장에 별로 신경 쓰지 않는 사람이 있습니다. 저도 젊을 때는 남들처럼 신경을 썼지만 나이가 들고 나서는 그런 여유도 없고 귀찮다고만 느꼈습니다. 나이가 들면 몸의 운동성에서도, 심정적인 여유에서도 멋을 낼 기분이 들지 않는 것 같습니다.

그러므로 노인인데 실제 나이보다 젊어 보이는 사람이 있으면 '아아, 이 사람은 용케 이렇게까지 신경을 썼구나' 하고 감탄합니다.

당사자는 젊을 때에 비하면 상당히 고심했을 것입니다. 왜냐하면 나이가 들면 예컨대 단추 하나를 잠그는 데도 시간이 걸리기 때문입니다. 아직 큰 움직임은 괜찮지만 작은 움직임이 힘들어집니다. 그러므로 옷차림에 신경을 많이 쓴 노인이 있으면 무척 좋은 느낌이 듭니다.

노인이라 아는 것이 있다

남자 노인의 얼굴을 자세히 관찰하면 얼굴의 움직이는 부분이 느슨해진 것을 알 수 있습니다. 볼이 늘어지기 때문입니다. 그러면 얼빠진 얼굴이랄까 멍청한 얼굴이랄까, 뭔가 나사가 빠진 듯한 얼굴이 되고 맙니다.

그것을 막기 위해서는 턱에서 볼 아래쪽을 30초나 1분 정도라도 좋으니 마른 수건으로 문지르면 상당히 효과가 있습니다. 젖은 수건으로 하면 아프기 때문에 마른 수건으로 문지르면 좋습니다. 이것으로 효과가 있으니 신기할 따름입니다.

의사는 볼이 늘어지지 않게 하기 위해서는 그곳을 수술하면 된다거나 식사할 때 잘 씹어서 먹으면 된다고 하겠지요. 의사는 늘 안쪽에서 치료하려는 사람이기 때문입니다. 하지만 저의 경험에서 보면 바깥에서 자극을 줘도 나름대로 효과가 있습니다.

의사는 환자가 심하게 기침을 하거나 호흡이 곤란해지면 그 대책으로 앞가슴에 구멍을 뚫는 치료를 합니다. 하지만 그렇게 하지 않아도 마른 수건으로 매일 30초쯤이라도 문지르면 호흡이 다소 편해집니다.

나이가 들면 기관지가 좁아지기 때문에 원래는 폐 쪽으로 가야 할 것이 식도 쪽으로 역류하는 일이 일어납니다. 그리고 침이 폐 쪽으로 가는 일이 있는데, 그래서 심한 기침이나 호흡 곤란이 일어납니다.

아마추어가 스스로 그것을 막기 위해서는 턱 아래에서 목까지 문지르는 것이 최선의 방법이고, 그 이상은 의사의 영역이 되기 때문에 할 수 없습니다. 그다음은 의사에게 맡기면 되는데, 요즘 의사는 어떤 데서 기침이 나오는 증상이 나타나는지를 충분히 알고 있지 않은 것 같습니다.

물론 저는 의학에 대해 아마추어이지만 일상적으로 마찰을 하면 어느 정도 막을 수 있다는 반응 같은 감각은 노인이 되어서야 알 수 있었습니다. 반대로 말하면 노인이 자각적으로 여러 가지 것들을 해보지 않으면, 그리고 의사도 자신이 병에 걸릴 때까지는 결코 모르는 것이 있다고 생각합니다.

의사는 내장 질환을 검사하면 수치가 나오고 어디가 안 좋은지를 살펴볼 수 있습니다. 수술이나 투약을 하기 위한 기술은 발전했겠지만 청진기를 대보고 '몸을 읽는' 의사는 거의 사라진 것이 아닐까요. 어느 정도는 스스로 몸을 지킬 수밖에 없다고 생각할 때가 있습니다.

이해관계를 제일 중요한 것으로 생각하지 않는다

사람에게 첫인상을 갖는 능력은 그 사람의 능력을 반사적으로 발휘한다는 의미에서 생각하면 상당히 강력한 능력이라고 말해도 좋겠지요. 이것 역시 인간의 동물성에 기초한 능력일지도 모릅니다. 그래서 첫인상이 맞는 경우가 많지 않을까요. 하지만 빗나가는 경우도 많습니다.

동물적인 성장률을 갖고 자연스럽게 발달해온 어떤 부분의 판단력은 아마 첫인상을 형성하는 데 큰 힘을 발휘하고, 게다가 상당한 확률로 맞히지 않을까 생각합니다.

그러나 그걸 할 수 있는 것은 대체로 청춘기 이전까지입니다. 다시 말해 동물적으로 발달해온 판단력이나 인상으로 보는 힘은 갓난아기 때부터 사춘기인 15~16세까지로 끝납니다.

그 때문에 그 이후의 나이가 되면 첫인상이 맞지 않아 아뿔싸, 하는 경험도 자주 하고, 완전히 착각하는 경우도 흔히 있습니다. 청춘기 이후는 타인을 첫인상만으로 판단해서는 안 된다는 것을 깨닫고 스스로 그것을 고치려고 한다거나 극복하려고 합니다.

그런 의식적인 작용에 더해 남과의 교제도 늘어남에 따라 인간의 사고나 성격은 실제로 교제해보지 않으면 알 수 없다는 경험도 늘어날 것입니다. 그러는 사이에 첫인상은 그다지 믿을 게 못 된다는 걸 알게 되는 것이겠지요.

한편 첫인상으로 판단되는 측에서도 같은 말을 할 수 있습니다. 엄밀히 인간의 성격 같은 것만을 말하자면 확실히 사춘기 때 거의 정해집니다. 그러므로 사람됨의 70~80퍼센트는 그 사람의 타고난 성격이나 자란 환경에 따른다고 해도 좋겠지요. 그러나 나머지 20~30퍼센트는 자신의 의지력이나 인간관계의 경험 등을 기초로 나중에 자신이 만들어온 부분입니다.

다시 말해 무의식만이 아니라 의식적인 성격도 더해져 인간이라는 것이 완성되는 것입니다. 그런 연령에 달한 사람을 판단하려고 하면 단순한 첫인상으로는 틀리고 마는 것입니다.

다만 주의해야 하는 것은, 타산적인 면은 얼굴이나 행동거지에 자연스럽게 드러난다는 점입니다. 연애 관계에서든, 일반적인 인간과 인간의 관계에서든 그것은 상대에게 그다지 좋은 인상을 주지 못합니다. 자기 안에서 이해관계를 어떤 마음가짐으로 갖고 있으면 좋은가는 그 사람 전체의 인격에 관한 것입니다. 이해만을 생각하거나 말하면 어딘지 모르게 그것이 전체에 드러나 상대에게도 그다지 좋은 인상을 주지 못할지도 모릅니다.

그러므로 이해관계를 가장 중요하게 생각하는 것은 그만두는 게 좋습니다. 완전히 없애는 것은 어렵다고 해도 자신의 판단력 안에 아무렇지 않게 포함시키는 정도의 마음으로 더하게 하는 것이 좋은 인격을 만드는 방법이라고 말할 수 있을 것 같습니다.

이것 역시 인간의 어려움이라고 말할 수 있을지도 모릅니다. 이는 자본가도 마찬가지입니다. 아무리 자본가의 본질이 이윤을 추구하는 것에 있다고 해도 이해를 가장 중요시하는 사람은 누구로부터도 '이 경영자는 역시 좋지 않다니까' 하는 눈으로 보이게 됩니다.

그러나 그런 것을 피하는 것은 꽤 어려운 일입니다. 그것을 완벽하게 할 수 있는 사람은 없으며, 저는 기껏해야 적확한 판단력과 민감한 반성력이 있는 게 좋다는 충고밖에 할 수 없습니다. 그렇다면 당신은 어떻소, 하는 말을 들을 것 같습니다만, 저도 잘난 체할 수는 없습니다. 저는 언제든지 아, 아뿔싸!, 하고 말하는 쪽이니까요.

그렇다면 애초에 이해란 뭘까요. 그런 것은 누구라도 금방 판단할 수 있을 것 같지만 마르크스의 사고는 그렇지 않습니다. 마르크스의 자연철학에 따르면 상대는 사물이든 인간이든 상관없지만 인간이 뭔가에 손을 대는 것은 상대 자체를 가치화하는 것이라고 생각합니다. 그때 그것과 동시에 자신은 자연물이나 동물의 연장선상에 있는 인간이고, 유기적이며 살아 있는 자연이라는 것으로 변화하고 있다는 것입니다.

예컨대 책을 만들기 위해 일하며 자신은 그 때문에 머리를 써서 몹시 지쳤습니다. 그러면 자신이 일한 몫은 그 책의 가치 안에 정확히 들어갑니다. 물론 작자의 가치가 중대하지만 그것은 반드시 거기에 들어갑니다. 유기적인 자연에 자신이 동화한 몫만큼 가치화되어 책 안에 들어가 있다는 것이 마르크스의 자연철학입니다.

그것은 사업으로 환산하면 이윤이 되는 셈입니다. 돈만 생각하고 있으면 저 녀석은 돈에 사로잡힌 놈이라는 말을 듣지만, 원래는 가치화할 때 무엇을 제일 중요시했는가 하는 것과 관련되는 거라고 생각합니다. 그것을 정확히 반성하고 그때마다 재검토하는가 어떤가 하는 것이 그 사람의 인상에도 깊이 관련되는 것이 아닐까요?

이윤이나 돈이라고 하면 노골적인 인상이 있지만 무슨 일을 하는 사람이든 뭔가를 하면 반드시 그것을 가치화하게 됩니다. 그것과 동시에 자신이 동물화, 유기적 인간화한다는 것은 틀림없이 말 그대로이기 때문에 이 사고는 그렇게 간단히 없어지지 않을 거라고 생각합니다.

이러한 마르크스의 사고는 이미 오랫동안 지지받고 있고, 지금은 저에게도 상당히 도움이 되는 것 같습니다.

성장 과정의 좋고 나쁨

청춘기가 성인의 실마리라고 생각하면 갓난아기 때부터 청춘기에 이르기까지 보살펴주는 사람, 즉 어머니 또는 어머니 대리인과의 관계가 성장 과정의 좋고 나쁨을 결정한다고 저는 생각합니다.

그것이 어떤 이유로 원활하지 못한 경우, 예컨대 경제적인 사정으로 어머니가 아이를 맡기고 일하러 나갔다가 밤늦게 돌아와 전혀 보살필 수 없는 경우, 갓난아기 때부터 사춘기까지의 성장 환경이 좋았다고는 할 수 없습니다.

누구든 성격적으로 결점이 있겠지만 그 기간의 성장 환경이 좋지 않으면 성격의 결점이 두드러지게 되어 나중에 자신이 고생해야 합니다. 저는 그런 것을 '성장 환경이 나쁘다'는 개념으로 파악합니다.

어머니 또는 어머니 대리인과의 관계가 좋지 않고, 어머니와 아버지의 관계가 나쁘며, 어머니가 일을 할 수밖에 없어 피곤한 몸이라 보살펴주지 못하는 상황, 나아가 어린이집의 선생님 중에도 여러 사람이 있기 때문에 그 사람과의 관계가 원만하지 않은 경우 등 성장 환경이 나빠지는 원인은 여러 가지로 생각할 수 있습니다. 어엿한 한 사람이 되는 청춘기 이전에 이렇게 성장 환경이 좋지 않으면 청춘기 이후의 훗날, 어쩌면 결혼하고 나서 상당히 고생해야 하는 일이 일어날 거라고 생각합니다.

그중에서도 갓난아기 때부터 사춘기까지 그 사람의 성격을 결정하는 아주 중요한 시기가 두 번 있습니다. 첫 번째 시기는 유아기입니다. 어머니 또는 어머니 대리인이 수유나 기저귀 갈아주는 것을 느긋하게 할 수 있는 정신적, 경제적인 여유가 있는 어떤가 하는 것입니다. 없는 경우는 그것이 무의식중에 마음 밑바닥으로 가라앉아 청춘기 이후에 스스로 그것을 극복하려고 의식적으로 상당히 고심해야 하는 일이 일어날 수 있습니다.

두 번째 시기는 사춘기에 가까운 10대 중반 정도까지입니다. 자기보다 나이가 많은 사람, 예컨대 어머니 대리인으로부터 성희롱에 가까운 것을 당한다거나 과잉보호 당하거나 하면 역시 그 경험이 무의식중에 마음속에 가라앉습니다.

무의식중에 가라앉은 이런 경험은 청춘기 무렵에 어지간한 일이 일어나지 않으면 드러나지 않습니다. 그래도 주로 유아기와 청춘기 직전, 이 두 기간을 거쳐 인간의 무의식을 포함한 성격 형성이 이루어진다고 볼 수 있습니다.

제가 '성장 환경이 안 좋다'고 하는 것은 청춘기까지를 가리키고 청춘기 이후에는 성장 환경이 좋든 나쁘든 상관없습니다. 청춘기가 되면 가정환경이나 교육 환경을 자신이 의식적으로 바꿔나갈 수 있기 때문에 그 이후의 환경은 성장 문제와는 다른 것이라고 생각합니다.

따라서 청춘기 전까지가 '성장 환경'에 해당한다고 말할 수 있겠지요.

육아는 천차만별

성장 환경을 생각하면 종래 일본의 육아는 좋은 방법이었던 것이 아닐까요. 저는 아이가 태어났을 때 "댁의 부인은 몸이 약하니까 남편분이 많이 도와주지 않으면 육아가 힘들 거예요"라는 말을 듣고 아이를 돌본 경험이 많기 때문에 잘 압니다.

첫째 아이도 둘째 아이도 단골 산부인과와 소아과 의사가 있는 병원에서 낳았습니다. 그곳은 간호사 한 명, 출산 때는 임시로 또 한 명이 오는 정도의 아담한 곳이었는데 남자 의사와 여의사인 부인이 가정적으로 돌봐주었습니다.

막 태어난 갓난아기는 보통 배가 고플 때와 기저귀를 갈아야 할 때 웁니다. 어머니는 아기를 낳고 보통 몸을 추스르고 일어날 때까지 일주일쯤 걸리는 사람도 있고 한 달쯤 걸리는 사람도 있습니다. 그사이 누워 있는 산모 옆에 아이를 두면 완전히 일어나지 않아도 남편의 도움을 받으며 자신이 아기를 보살필 수 있습니다. 모유를 먹임으로써 면역력도 높일 수 있습니다.

그런 것도 포함하여 어머니가 아버지의 도움을 받아가며 산후 회복을 기다릴 수 있는 것은 인간의 성장, 양육 방식으로서는 비교적 이상에 가까운 것이 아닐까 싶습니다. 서구의 방식, 동양의 다른 나라의 방식 등 세계를 보면 양육 방식은 각각 다릅니다만, 나중에 생각해보니 일본의 양육 방식은 전형적으로 좋은 방식이었다고 생각합니다.

지금은 그렇게 가정적인 산부인과 병원보다는 큰 병원에서 출산하는 일이 많아졌고, 병원에 따라서는 완전히 서구식이어서 며칠 만에 어머니가 일어나 빨리 몸을 움직이는 것이 좋다거나 아이와 함께 있지 않고 떨어져 있는 것이 더 좋다는 사고가 들어와 있는 것 같습니다.

출산이나 육아 방식은 여러 가지가 있습니다. 미국의 민속학자가 오세아니아주의 어느 섬에서 현지 조사를 하며 그 섬의 육아 방식을 조사했는데, 그것에 따르면 어머니가 의식적으로 태어난 아이의 성기를 만지작거린다는 겁니다. 그 미국의 학자는 그것을 '고원高原 상태'라고 명명하며 갓난아기 때부터 성적 흥분 상태에 두고 키우는 곳이 있다고 보고합니다. 그 사회에서는 그것이 가장 좋은 갓난아기 양육 방식이라고 생각하고 있는 것입니다.

전 세계의 갓난아기 양육 방식은 천차만별입니다. 그래서 각각 다르지만 일본의 한 세대 전의 양육 방식은 상당히 좋았다고 생각하고, 그것을 착실하게 할 수 있다면 '성장 환경이 좋은' 것이 되겠지요.

어리광이 심하다고 왜 나빠

서구에서는 갓난아기를 어머니에게서 떼어 놓는 것이 좋다고 여긴다고 말했습니다. 일찌감치 부모에게서 떼어 놓는 것이 자립심을 키우고 어리광이 없는 인간으로 자라게 한다는 것 같습니다. 역시 그런 생각도 있을 수 있습니다.

일본의 경우는 곁에서 자는 부모가 늘 피부 접촉을 하며 키우기 때문에 일본인은 어리광이 심하다고들 합니다. 하지만 저는 어리광이 심하면 왜 안 되느냐고 묻고 싶습니다. '안 되는 건 아니다'는 것이 실감이지만, 이는 사람에 따라 다르겠지요.

서구식 양육 방식은 아이의 독립심을 키우고 쉽게 분리할 수 있어 깔끔하지만, 일본인은 아무래도 모자 모두 정신적인 젖떼기가 좀처럼 안 된다는 견해가 있는 것 같습니다. 그런데 다른 관점에서 보면 그렇게 충분히 어리광을 부리며 잘 자라는 것이 모자 분리도 원활하게 할 수 있는 게 아닐까요.

앞으로의 시대는 더욱 그런 발상이 필요하다고 생각합니다. 문명과 문화가 발달해가면 모자 관계는 한층 냉담해지기 때문에 자칫하면 대립하는 일이 많아지겠지요. 하지만 어렸을 때 충분히 어리광을 부려두면 그런 대립도 조금은 완화될 겁니다. 그런데 어리광이 심한 것의 이점 가운데 하나로, 일본의 여성이 얌전하다는 점을 들 수 있습니다. 그러므로 일본 여성은 외국인과 결혼할까 말까 할 때도 어지간히 그 사람을 좋아하지 않으면 남편 나라로 가서 가정생활을 하거나 아이를 낳거나 하는 것은 불가능할 것 같습니다.

지금의 여성은 상당히 달려졌을지도 모르지만, 그래도 좋든 나쁘든 일본 여성은 그런 것에 겁이 많은 경향이 있겠지요. 그것은 어리광이라고 하면 어리광일지도 모르겠습니다. 프랑스의 속된 말로 '일본인 아내를 얻고 중국인에게 요리를 시키고 프랑스인 여성과 생활을 즐긴다'는 것이 있습니다. 이는 남성에게 이상이라는 것인 듯합니다. 하지만 그것은 어떤 의미에서 정곡을 찌른 말일지도 모릅니다.

그 점에서는 일본 남성도 어리광 때문에 소극적인 성격이 되는 경향이 있습니다. 저는 프랑스식 연구실에서 졸업논문을 썼기 때문에 그 주변의 사정을 잘 압니다.

제가 논문을 쓴 것은 그 학교의 화학 교실이었는데, 그곳에서는 게으름을 피우든 그냥 보고만 있든 아무런 불평도 하지 않았습니다. 지금 어디까지 진행되었느냐고 한 번도 묻지 않았습니다. 완전히 각자 좋을 대로 하게 내버려두고 끝났을 때 졸업논문이 완성되어 있기만 하면 된다는 사고입니다. 이따금 "잘 하고 있나?" 하는 정도는 물어보지만, 그 이외에는 아무런 간섭도 하지 않습니다. 저는 게으름뱅이라서 졸업논문도 게으름을 피우다가 가까스로 그럴듯하게 써서 간신히 졸업을 했습니다.

일본의 공과계 학교는 취직까지 돌봐줍니다. '연구실 선배가 있으니까 그곳 회사의 어디 공장으로 가라'고 말이지요. 취직하고 나서도 무슨 일이 있으면 그때마다 학교에 가서 가르침을 받는 등 졸업을 해도 학교와의 관계는 끊어지지 않습니다. 그러나 제가 간 연구실은 처음부터 취직 알선을 할 수 없다고 했습니다. 저도 '그런 건 상관없다'며 그것을 전제로 그 연구실에 들어갔던 것입니다. 하지만 졸업논문 때는 '이 선생은 게으른 사람이구나' 하고 생각하기도 했습니다. 저도 게으름뱅이라서 자유롭고 이렇게 좋은 곳은 없다고 생각하는 한편, 요점이랄까, 이런 방식으로 하면 잘할 수 있다거나 하는 걸 조언해주면 좋을 텐데, 하고 게으름뱅이인 주제에 속으로 욕심을 부리기도 했습니다.

하지만 '아무도 가르쳐주지 않는다. 스스로 생각해서 하지 않으면 해나갈 수 없다'는 것만은 몸에 밴 것 같습니다. 그것은 아마 갓난아기 때부터의 프랑스 양육 방식과도 관계가 있는 게 아닐까요.

유럽인과 일본인

저는 프랑스인과 결혼한 일본 여성에게 다음과 같이 물은 적이 있습니다. "파리의 루브르 박물관에서 사람을 기다리고 있으면 뒤에서 다가와 어깨에 걸치고 있는 카메라를 빼앗아 달아난다고들 하는데, 그런 프랑스 어디가 좋은 겁니까?" 하고요.

그러자 그녀는 이렇게 대답했습니다. "경제적으로도 풍요롭고 뒤숭숭하지도 않아서 일본이 훨씬 좋아요. 다만 프랑스에는 뭐라 말할 수 없는 자유로움이 있어요. 나라라든가 인종이라든 가 전혀 상관하지 않고 누구와도 자유롭게 어울릴 수 있거든 요. 그건 일본에서 말하는 자유라든가 차별이 없는 것과는 전 혀 차원이 달라요."

프랑스라는 나라는 특별히 뛰어나게 좋은 점은 없지만 그런 자유로움을 체험하면 "이건 어디에 가도 없는 자유로움이라는 것을 느껴요"라고 그녀는 말했습니다. 이는 양육 방식, 성장 방 식과 관계가 있을지도 모릅니다. 일본인은 인간관계에서 자신 과의 차이를 과도하게 의식하여 아무래도 어색해지는 점이 있 습니다. 하지만 그런 것이 전혀 없는 자유로움은 그 무엇과도 바꿀 수 없는 것이라고 합니다.

그런 자유로움은 일본과 현격하게 다른 모양으로, 어떤 곳 에 가더라도 간섭하는 사람이 아무도 없는 자유로움이 있다고 합니다. 그것이 프랑스의 매력이라고 하면 매력이고 "그 외에 는 일본이 더 좋아요"라고 그녀는 말했습니다.

그 대신 유럽인에게는 일본인에게 없는 이상한 점도 있었습 니다. 제가 있던 특허 사무실에 독일인 여성 두세 명이 있었는 데, 우연히 전쟁 이야기를 하게 되었을 때 그중 한 사람이 흥분 하여 사무실 한가운데에 버티고 서서 연설조로 뭔가 이야기하기 시작했습니다. 저의 어학력으로는 그럴 때의 이야기를 알아들을 수 없어서 나중에 그녀의 말을 알아들은 사람에게 물어보니 "베를린에 소비에트군이 진격해와 자신의 집은 그들의 숙소로 접수되었다"는 것을 분개하며 이야기한 거라고 했습니다.

그 이야기를 듣고 당시의 저는 깜짝 놀랐습니다. 그와 동시에 일본 여성은 그런 일을 할 수 없다고 느꼈습니다. 일본 남자인 제가 보기에 '저런 사람과 결혼하면 힘들겠구나. 일본 여성은 저런 식이 아니어서 다행이다' 하고 생각한 것입니다. 이렇게 생각할 만큼 굉장한 것이었습니다.

일본과 서구 중 어느 쪽의 양육 방식이 좋은지 저는 잘 모릅니다. 어느 쪽도 장점과 단점이 있을 겁니다. 굳이 말하자면 종래 일본의 양육 방식에 국제적인 면을 좀 더 더한다면 결점이 보완되어 아주 좋아지는 게 아닐까요.

서구의 관점에서 보면, 일본은 아이를 지나치게 예뻐하고 공을 들이기 때문에 정신적인 젖떼기도 늦어진다고 말할 수 있을지도 모릅니다. 하지만 저는 그만큼 나쁜 일이라고는 생각하지 않습니다. 그것이 일본인의 특질이고, 어쩌면 동양인 전체의 특질인지도 모릅니다.

눈에 보이는 고생은 그다지 문제가 되지 않는다

유아기부터 사춘기까지의 성장 방식이 어른이 되고 나서의 모습에 영향을 끼치는 전형적인 예로 미시마 유키오三島由紀夫 (1925~1970)를 들 수 있습니다. 미시마 씨의 아버지가 쓴 책 (히라오카 아즈사平岡梓, 『아들·미시마 유키오』)에서 어머니가 그의 일생을 '어두운 일생'이라고 부르며 그 시작이 어땠는지를 증언하고 있습니다.

우리는 2층에 살고 있었는데, 어머니는 키미타케公威(미시마 유 키오의 본명)를 자신의 머리맡에서 떼어 놓지 않았고 항상 회중시 계를 갖고 있으며 정확히 4시간마다 벨을 울려 2층에 알렸습니 다. 키미타케의 수유는 4시간마다 이루어져야 했고 또 먹는 시간 도 정해두고 있었습니다. 저는 그 시각이 가까워지면 이미 젖이 불어와 무척 괴로웠습니다. 키미타케가 필시 배가 고파할 거라는 생각을 할 때면 키미타케를 안고 마음껏 젖을 물리고 싶은 마음 에 몇 번인가 운 적도 있습니다. 한시바삐 저의 품에 안기고 싶은 키미타케의 마음도 저와 똑같았을 것입니다. 태어나자마자 생모 인 저와 헤어져 끊임없이 고통을 호소하는 병상의 할머니 옆에서 성장하는 그런 이상한 생활은 몇 년이나 계속되었습니다. 저는 키미타케의 어두운 일생이라는 운명이 거기서 정해지고 말았다고 생각했습니다.

이래서는 어머니가 자신의 아이를 예뻐할 수도 없습니다. 이것으로 밝은 일생이 실현될 리 없습니다. 그만큼 유아기의 양육 방식이 중요한 것입니다.

그 밖의 사회관계, 인간관계 등은 그다지 영향을 미치는 것이 아닙니다. 다른 사람이 맛있는 것을 먹고 있을 때 주먹밥만 먹고 있었다는 것은 두드러지게 힘든 일인 것 같지만, 실은 그렇게까지 큰 문제가 아니라고 생각합니다.

성인이 되면 각자의 모습으로 생활하게 되겠지요. 사회적인 차별에 주목하는 사람도 있지만, 지금의 일본인은 80퍼센트에서 90퍼센트가 자신을 중산층이라고 생각합니다. 그러므로 하찮은 데서의 차별은 있다고 해도 그것은 사치스러운 고민이라고 해도 좋을 정도이며 본질적인 차별은 그다지 없는 정도까지 되었습니다.

문제는 어렸을 때의 양육 방식인데, 이는 자신의 의식하지 못할 때 형성되고 맙니다. 미시마 씨의 경우, 이상한 방식으로 자랐기 때문에 그의 어머니는 진작 보통의 형태로 살아갈 수 있을 리 없다는 걸 알고 있었을 것입니다. 어머니의 눈으로 보면 물질적으로는 아무런 부자유함이 없어도 그토록 가혹한 방식으로 자란 아이는 없을 거라고 생각했을 것이고, 미시마 씨 자신도 그렇게 느꼈을 거라고 생각합니다.

하지만 그것은 남에게 말했다고 해서 고쳐지는 것도 아니고, 자신이 의식적으로 고치는 수밖에 없습니다. 미시마 씨는 온건한 사람이었지만 마음속으로는 엄청난 고생을 했을 겁니다. 어머니는 더욱 그랬다고 하는데, '이런 어처구니없는 일을' 하고 생각하면서 시어머니의 말을 따를 수밖에 없었겠지요. 나머지는 미시마 씨 자신의 의지력으로 성격을 바꿔 어른이 되어갈 수밖에 없었고, 그래도 부족한 부분은 글을 씀으로써 자기 마음의 안정화를 꾀했겠지요.

그것이 그 사람의 소설입니다. 보통의 일본 작가에 비하면 월등하게 좋은 작품을 썼던 데서도, 글을 쓰는 작업에 몰두함으로써 정신을 유지해온 것을 엿볼 수 있습니다. 눈에 보이지 않는, 남에게 말해도 별로 의미가 없는, 하지만 자신에게는 중요한 것을 표현하는 그런 고생을 남들보다 두 배나 한 사람이 아닐까요.

어떤 의미에서 그것은 미시마 씨의 작품을 뛰어나게 했습니다. 그러나 그런 것으로는 대신할 수 없는 불행이었다고 생각합니다. 나잇살이나 먹은 어른이 되고 나서 어머니에게 어리광을 부릴 수도 없습니다. 어디에도 설 자리가 없는 방식으로 자랐고 살았으며 죽고 말았습니다. 아무리 해도 인생이 다할 때까지 살아갈 수가 없었던 것이지요.

미시마 씨의 경우, 그의 불행의 원인은 유아기의 성장 환경에 있었다고 저는 확신합니다.

아이는 부모를 비추는 거울

'성장 환경이 나쁘다'는 것은 어떤 것일까요? 마지막으로 다시 한 번 정리해보겠습니다. 예컨대 부부싸움만 하는 환경에서 자란 아이는 성장 환경이 다소 나쁘다고 할 수 있겠지요. 그리고 또 한 가지, 서구적인 사고에 기초해 되도록 빨리 부모에게서 떼어 놓고 키운 아이도 그다지 성장 환경이 좋다고는 말할 수 없습니다.

다시 말해 성장 환경이 나쁘다는 것은 가정의 경제력과 관련된 것이 아니라 어머니 또는 어머니 대리인이 유아기부터 어떻게 대했는지에 따라 정해지는 걸 겁니다.

또는 집이 경제적으로 어려워서 어머니가 밖에서 일하기 때문에 어린이집에 장시간 맡겨야 하고 그곳 선생님의 대응이 좋지 않았다면, 그것 또한 '성장 환경이 나쁘다'고 할 수 있겠지요.

하지만 이런 말을 하면 페미니스트는 그건 남자의 멋대로 된 생각이라고 말할 겁니다. 분명히 그런 면도 부정할 수 없겠지요. 하지만 그런 차원을 넘어 어머니 또는 어머니 대리인과 아이의 관계는, 특히 유아기 때는 그 무엇보다 중요합니다.

실제로 아이가 성인이 되고 나서 가장 그리워하는 이는 어머니이지 아버지가 아닙니다. 이는 백 퍼센트 의심할 여지가 없는 것이고, 아버지의 역할은 아이에게 어머니를 매개로 작용할 뿐입니다. 아버지에게 친밀함을 느끼는 아이가 있다면 어머니와의 관계가 어지간히 나빴기 때문이겠지요. 그렇지 않으면 사람이 죽기 직전까지 떠올리는 이는 대체로 어머니입니다. 친애의 정을 갖고 그리워하는 이도 물론 어머니입니다.

어머니가 병으로 일찍 돌아가시면 아이는 평생 어머니를 생각합니다. 또 평균적인 수명까지 산다고 하면 아버지보다는 어머니가 장수할 것입니다. 그런데 사고나 병으로 어머니가 먼저 돌아가시고 남겨진 아버지가 나이를 먹으면, 아버지와는 당연히 보살피고 보살핌을 받을 수밖에 없는 관계가 됩니다.

어머니라는 존재는 전쟁 중에도 같아서 군인이 죽을 때 '천황 폐하 만세'라고 하거나 '어머니'라고 할 만큼 중요한 것이었습니다. 요즘 같은 시대에는 '천황 폐하 만세'라고는 하지 않겠지만 '어머니'는 앞으로도 계속 남아 있겠지요.

그만큼 유아기부터 사춘기까지의 과정에서 어머니라는 존재는 중요합니다. 물론 어른이 되면 평소의 자기 성격이나 인간관계는 의식적으로 만든 부분으로 족하겠지요. 하지만 자신의 인생에서 중요한 시점에 누구를 떠올리느냐 하면 틀림없이 어머니일 겁니다. 설사 평소에는 어머니와 따로 살아도, 또는 부모 자식 관계에 여러 가지 기복이 있어도, 생명에 관련되는 병이나 사고로 중태에 빠졌을 때는 어머니가 머리에 스칠 겁니다.

그러므로 전업주부가 되면 손해를 본다는 사람도 있지만, 그런 일은 절대 없습니다. 만약 전업주부만큼의 시간을 만들 수 없다면 적어도 아이에게 중요한 시간, 즉 유아기와 사춘기만은 차분히 마주하는 것이 좋지 않을까요.

일본의 민속학에서는 어린 아이가 노는 모습을 가리켜 최초의 시기를 '실내 놀이內遊び', 다음을 '처마 놀이軒遊び'라고 부릅니다. 여기까지가 어머니나 어머니 대리인의 눈이 닿는 범위 안에서 노는 시기입니다. 아무래도 일로 바쁘다면 이 처마 놀이 시기까지와 거기에 더해 사춘기만은 아이와 정면으로 마주하며 화를 낼 때는 내고 예뻐할 때는 예뻐해야 합니다. 그렇게

하면 일단 흠잡을 데 없이 자랄 것입니다. 적어도 흉악한 사건을 일으키는 일은 없겠지요. 이 부분이 성장 환경이 좋은지 나쁜지를 가르는 가장 중요한 지점이 될 거라고 생각합니다.

5

재능과
콤플렉스

미시마 유키오의 '어두운 일생'

미시마 유키오는 온후한 사람이고 스포츠맨이기도 했습니다. 그러나 그 사람의 그런 성격이나 정신은 스스로가 의식적으로 바꾼 부분이 많다고 생각합니다.

앞에서도 말한 것처럼 미시마 씨는 태어난 지 일주일쯤 되었을 때부터 신경증적이고 완고한 할머니 밑에서 자랐습니다. 그리고 젖을 먹일 때만 어머니를 불렀다고 합니다.

어머니는 자기 옆에 두고 키우고 싶었는데도 그렇게 하지 못했던 것이지요. 어머니는 아들인 미시마에 대해 '어두운 일생'이라는 말을 썼을 정도이기 때문에 그런 양육 방식이 그 후 미시마의 인생에 어두운 그림자를 드리우리라는 걸 알고 있었을 것입니다.

그러므로 미시마 씨 자신도 의식적으로 자신을 바꾸려고 생각하고, 원래는 허약한 사람인데도 스포츠로 몸을 단련하거나 강인한 정신을 만들려고 노력한 것이 아닐까요.

그런 유형의 사람은 타고난 관찰력이 뛰어나기보다는 인공적으로 만들어낸 능력으로 세상을 보는 부분이 많을 거라고 생각합니다. 그러므로 미시마 씨의 소설은 굉장히 좋지만 어딘가 인공적인 냄새가 납니다. 애초에 소설은 인공적인 것이 틀림없지만, 그런 의미가 아니라 어딘지 모르게 공소하고 감정이 메말랐다는 인상을 받을 때가 있습니다. 미시마 씨 자신은 남에게 말하지 않았겠지만, 자신을 바꾸려고 상당히 고생했던 게 아닌가 싶습니다. 그의 자기 개조는 무시무시한 점이 있었습니다. 정도의 차는 있더라도 인간은 누구나 자라는 방식에 따라 그 후의 인생이 크게 달라진다고 생각합니다.

저 자신도 숫기 없는 성격이었는데, 어렸을 때부터 그것이 싫었습니다.

사춘기에 해당하는 15~16세까지의 성장 방식에 따라 숫기 없는 성격이 되는 아이도 적지 않습니다. 그것이 심해지면 요즘 말하는 히키코모리, 그러니까 은둔형 외톨이가 되는 거겠지요. 저는 장난꾸러기에 짓궂은 아이여서 적극적으로 노는 어린

이였지만, 내심은 숫기 없는 성격이었던 것입니다. 그 때문에 부모나 학교 선생님도 저의 숫기 없는 성격을 고치려고 했습니다.

예컨대 제가 다녔던 곳은 소년 야구가 활발한 학교였는데 대회가 열릴 때 아무 준비도 없이 응원석에 있었는데 "너, 나와서 응원을 해봐"라고 했습니다. 교육을 위해서라는 것은 알겠지만, 내심 숫기 없는 성격이라 가슴이 두근거려 순간적으로 뭘 해야 좋을지 모르게 되었습니다.

그러나 그런 경험을 쌓아도 그다지 효과가 없고 근간은 전혀 고쳐지지 않았습니다. 그래도 의식적으로 고치려는 의욕은 남아 있었고, 그것은 일종의 반성력 같은 것이 되었습니다. 그렇다고 해도 그것이 너무 인공적이면 '저 녀석은 어두워'라는 말을 듣기 때문에 저는 스스로 '어둡다'고 말하고 있습니다.

지금의 히키코모리와 옛날의 숫기 없는 성격은 비슷한 것이긴 하지만, 최근에는 살인을 하거나 여자아이를 데려가 감금하는 것으로까지 심해지는 일이 있습니다. 법률은 그런 사건을 일으키는 이를 흉악한 작자라고 판단하겠지만 그것은 잘못입니다. 사실은 너무 얌전하고 숫기 없는 성격이 역으로 나타나 흉악해지는 일은 꽤 있을 거라고 생각합니다.

미루어 살피거나 상상력을 구사하면 법률에서 판단하는 듯한 진짜 흉악한 범인이 아닐지도 모릅니다. 그러므로 저는 흉악하다는 소년, 소녀에 대해 현재의 법률에서 다루는 방식, 가정법원에서 다루는 방식이 좋다고는 결코 생각하지 않습니다.

오히려 그런 방식으로는 고쳐지지 않을 거라고 생각합니다. 한 번 살인을 저지르면 이미 넌더리가 나서 두 번 다시 하지 않는 일이 있을지도 모릅니다. 하지만 일반적으로 말하자면 법률로 처벌했다고 해서 진심으로 고쳐졌을까요. 그렇게 생각하는 것은 큰 잘못이라고 생각합니다. 그것이 법률의 좋지 않은 점이 아닐까요.

숫기 없는 사람의 괴로움

어렸을 때부터 숫기 없는 성격이어서 저는 상당히 불쾌한 일을 당하거나 자신이 싫어지기도 했습니다. 망설이거나 해서는 안 될 때 주저해서 답답함을 느끼는 일도 종종 있었습니다. 반대로 의식적으로 주저하지 않으려고 하면 저 녀석 엄청 으스대는 거 아냐, 하는 것으로 여겨집니다. 숫기 없는 성격이 구체적으로 나타나는 양상은 다양합니다.

저는 숫기 없는 성격이자 악동이었습니다. 모순된다고 생각할지도 모르지만, 그렇지는 않습니다. 예를 들면 친구의 어머니가 보기에 아주 불쾌한 아이로 보이는 아이가 있는데, 그런 아이는 사실 숫기 없는 성격의 악동이 아닐까 하는 생각이 듭니다.

다시 말해 숫기 없는 성격인 것을 의식하여 일부러 나쁜 아이인 듯이 행동하는 면이 조금이라도 있으면 어른에게는 순수하지 않고 불쾌한 아이라는 식으로 보이는 게 아닐까요. 일부러 악동인 듯이 이웃 아이에게 이렇게 하자, 저렇게 하자, 하고 말하는 것을 그 아이의 부모가 봤다면 '저 아이는 불쾌한 아이구나' 하고 느끼겠지요. 짐짓 나쁜 아이인 듯이 구는 것이 농담이나 우스갯소리로 끝나는 경우도 있지만, 나쁜 것을 진짜 나쁜 것으로 의식한 부분이 있다면 불쾌한 아이로 보일 거라고 생각합니다. 그러므로 '숫기 없는 성격'과 '악동'은 반드시 모순된 것이 아니라 양쪽을 겸비하는 경우도 있습니다.

제가 숫기 없는 사람의 괴로움을 맛보는 것은 사람들 앞에서 이야기할 때입니다. 가장 못하는 것은 대담이나 정담鼎談 등 소수가 이야기를 나누는 경우입니다. 특히 여성이 몇 명쯤 있으면 정말 힘듭니다.

또한 숫기 없는 성격을 조금 무리해서 견디면, 그렇게 무리한 만큼 지나치게 말해서 불쾌한 작자라고 생각되는 일도 적지 않습니다. 숫기 없는 성격의 사람에게는 흔히 있는 일로, 그 조절이 잘 안 됩니다.

한편 많은 사람을 상대로 강연할 때는 개별적으로 응답하는 걸 생각하지 않아도 되기 때문에 의외로 아무렇지 않습니다. 그래도 이야기를 시작할 때까지는 아무래도 안정이 안 되고 제정신이 아닌 느낌입니다.

결혼식에서 인사말을 부탁받는 일도 있는데 이것도 질색입니다. 거절할 수 없는 경우가 몇 번 있어서 이따금 하기도 했는데 완전히 엉망이었습니다. 입이 우물우물해서 이야기가 되지 않았습니다. 말하고 싶은 것을 제대로 말할 수 있었다고 실감한 적은 한 번도 없습니다. 그 대신 장례식 조사弔辭는 평판이 좋아 "자네의 조사는 아주 간단하고, 게다가 고인의 특징을 잘 파악하고 있거든" 하는 말을 듣습니다.

왠지는 모르지만 원래 즐거운 쪽이 아니라 슬픈 일 쪽을 좋아하는 것이지도 모르겠습니다. 뭔가가 있겠지만 무슨 탓으로 돌리면 좋을지 저도 잘 모르겠습니다. 구체적으로 말하자면 불교의 영향으로 죽은 자는 모두 평등하다는 생각이 배어 있어서 그런지는 모르겠지만, 그래도 그것은 좀 미심쩍은 이유라는 생각도 듭니다.

콤플렉스는 살아 있는 주제가 된다

작가의 표현은 그 사람의 성격, 인격을 잘 드러냅니다. 다자이 오사무 같은 꾸밈없는 예민함을 가진 사람도 있고, 미시마 유키오 같은 다듬고 다듬은, 꾸미고 꾸민 작품이라는 형태로 나오는 사람도 있습니다.

미시마 유키오의 경우에는 이른바 지적으로 꾸밈으로써 이상하게 이론만 내세우는 소설이 되었습니다. 반대로 다자이 오사무의 소설은 읽는 사람에게 맛있는 요리가 쓰윽 나오는 듯이 나타납니다. 그래도 다자이 오사무가 "어두울 때는 멸망하지 않는다"라고 역설적인 표현을 쓰는 근거는, 미시마 유키오와 닮은 점에 있는 것 같습니다.

문학, 특히 소설을 쓰는 모습은 각양각색입니다. 하지만 남이 알아차리는 것을 알아차리고 그것을 묘사하는 것이 자신에게 위안이 됩니다. 또한 그것을 씀으로써 일시적이긴 해도 해방적이 되고 얼굴도 모르는 독자에게 똑같은 해방감을 줄 수 있다면 좋겠다고 생각하여 작품을 열심히 쓰는 사람은, 어렸을 때 그다지 행복하지 않은 사람이 많지 않을까요. 그중에서도 어렸을 때 어머니와의 관계를 제대로 쌓을 수 없었던 것이 제일 큰 영향을 끼치는 게 아닐까 싶습니다.

청춘기를 지나면 성격이 자연스럽게 변하는 일은 있을 수 없기 때문에 나머지는 인공적, 의식적으로 바꿀 수밖에 없습니다. 사람은 누구나 크든 작든 그런 일을 해나가는 겁니다. 그러므로 청춘기 이후 어른의 인간관계는 대부분 의식적으로 바꾼 부분끼리 맺어진다고도 할 수 있습니다.

갓난아기나 유아 때 구축된 것이 겉으로 드러날지 어떨지는 결혼이라도 해서 24시간 늘 함께 보내지 않으면 모를 겁니다. 반대로 말하자면 보통 어른이 관계를 맺는 방법은 의식적으로 자신을 바꾼 부분만으로 족합니다.

어렸을 때의 무의식적인 시기에 그 사람의 주된 성격이 정해진다면, 숫기 없는 성격이라며 의식적으로 고치려고 해도 본질적인 부분은 바뀌지 않습니다.

그렇다면 저도 그렇지만 타고난 성격의 문제는 자신과 문답하는 중에 해결할 수밖에 없습니다. 해결은 하지 못해도 자문자답하는 중에 서서히 해소시킬 수 있고, 인간관계에 대해서는 의식적으로 바꾼 부분으로 해나갈 수 있습니다.

인간에게 가장 소중한 것

인간에게 소중한 것은 아마 많이 있을 겁니다. 그리고 아마도 많은 사람들이 인간으로서 소중하다고 생각하는 것은 역시 소중한 것이 틀림없을 것입니다. 하지만 실제는 자신의 성격이나 형편 등 다양한 이유로 인간으로서 소중하다고 생각되는 것과의 거리감이 있어 좀처럼 거기에 갈 수 없는 상태에 있는 일이 많을 것입니다.

그래도 인간으로서 소중한 것을 생각하거나 그것을 실현하기 위해 자신의 행동 방식을 바꾸거나 하는 의식이 중요한 게 아닐까요. 그것은 사회 전체에도 중요한 것이 아닐까 싶습니다. 저는 언제든지 그런 것을 생각하고 있고, 늘 염두에 두고 있습니다.

사회에 정말 소중한 것은 분명히 어딘가에 있습니다. 그렇다면 그곳은 어디일까요. 적어도 대다수의 일반 사람들이 인정하고 있는 점이 아마도 인간에게 가장 소중한 것이 아닐까요.

소중하다는 것은 물론 총리대신이 말했기 때문이라거나 검사가 말했기 때문에, 또는 문학자가 말했기 때문에 소중하다는 것은 아닙니다. 하지만 세상의 일반 사람들 대다수가 소중하다고 생각하는 것은 분명히 있습니다.

그것에 다가가려고 해도 자신의 마음이 동하지 않거나 사정이 있어 그렇게 할 수 없는 일이 일상생활에서는 많이 일어납니다. 그래도 그 낙차를 계속 생각해가는 것이 시사하는 바가 가장 큰 것 같습니다. 그런 의식을 갖는 것이야말로 살아갈 때 '소중'하다는 말에 어울리는 것이겠지요.

젊을 때부터 그것은 항상 마음에 걸리는 것이었습니다. 그 시대의 사회적인 상황이나 자신의 마음 상태에 따라, 또는 연대나 나이에 따라 달라지는 일이 있다고 생각합니다. 하지만 그중에서 일관되었던 것은 그런 것을 자신의 머리로 생각해온 일입니다.

소중한 것은 그때마다 바뀝니다. 그러므로 인생에서 무엇이 중요하다는 식으로 묻는다면, 일관되게 소중한 것은 현 상황에서 자신과의 거리에 대해 생각해가는 일인 것 같습니다.

당신의 가장 소중한 것은 무엇이냐고 묻는다면, 사람에 따라 성실한 것이 중요하다거나, 애정이 중요하다는 등 한 사람 한 사람의 표현이 전부 다르다고 해도 좋을 겁니다. 확실히 그것은 어느 것이나 모두 중요하겠지요.

하지만 자신에게 정말 중요한 것은 뭐냐고 들이대면, 저는 이렇게 대답할 것입니다. 그 시대마다 모두가 중요하다고 생각하는 것을 약간 자신 쪽으로 끌어당겼을 때 자신에게 부족한 것이 있어, 할 수 없었거나 하려고 생각하면 할 수 있는데도 도저히 마음이 동하지 않거나 하는 그 이유를 생각하는 것이라고 말이지요.

모두가 중요하다고 생각하는 것은 사람들 대다수가 생각하는 바람직한 인간의 모습, 바람직한 성격, 바람직한 환경 등 여러 가지가 포함될 것입니다. 하지만 거기에는 좀처럼 도달할 수 없기 때문에 그때그때 갈등이 생기는 것입니다.

그런 갈등을 저는 늘 느끼고 있습니다. 그것이 인간에게 중요할지 어떨지는 사람에 따라 다를 것이기 때문에 뭐라고도 말할 수 없지만, 제 안에 일관되게 있는 생각은 아무래도 그것인 것 같습니다.

그렇다면 저에게 현재 구체적으로 무엇이 중요할까요. 하나는 몸입니다. 노령에 따라다니는 다양한 문제를 해결하는 것은 불가능하겠지만, 그런 주제로 글을 씀으로써 조금이라도 해결에 다가갈 수 있지 않을까 생각하기도 합니다. 자신의 신변을 생각해도 젊을 때와는 다른 생각이 듭니다. 아내의 병이 조금이라도 나아지면 좋겠고, 보살피느라 아이가 지쳐버리지 않았으면 좋겠고, 하는 것을 씀으로써 해결에 다가가는 경우가 있을지도 모릅니다.

시대에 따라 여러 가지로 변하는 하나하나의 과제나 문제에 대해 자기 나름대로 방법을 생각하거나 어떻게 극복해갈까 하는 과정을 생각하는 것은 저에게 가장 오래 계속하고 있는 습관 같은 것입니다. 그때그때가 항상 선택이어서 이건 잊지 않는 것이 좋다, 이건 생각하지 않는 것이 좋다, 하는 식으로 판단해갑니다. 인생은 그런 것의 축적입니다.

진로가 망설여진다면 둘 다 한다

그렇게 말해도 세상은 이상적인 자신과 현실의 자신이 다른 경우가 대부분입니다. 누구나 갈등을 안고 살고 있겠지요. 성격적인 면에서도 그렇겠지만, 직업적인 면에서도 그렇다고 생각합니다. 자신이 하는 일이 자신에게 맞는지 어떤지 자신감을 가질 수 없는 사람이 많지 않을까요.

저와 가까운 작가와 편집자를 예로 들어 말하자면, 작가에게 어울리는데도 편집자가 되고 싶다거나 편집자에 어울리는데도 작가가 되고 싶다는 사람이 있습니다. 이처럼 자신이 되고 싶은 직업과 타인이 보기에 어울리는지 아닌지가 다른 경우도 흔히 있는 법입니다.

그럴 때 양쪽 다 하고 양쪽의 수련을 해보는 것이 좋다고 생각합니다. 한쪽이 음이 되면 다른 한쪽이 양이 되고, 반대로 한쪽을 표면이라고 하면 다른 한쪽을 이면으로 돌리는 수련 방식을 취하면 되는 것입니다. 그렇게 하면 어느 쪽이 되더라도 반드시 도움이 될 것입니다.

예컨대 제가 편집자라면 편집 일에 대해 끊임없이 생각하는 것은 물론이고, 이 작가는 이렇게 쓰고 있지만 자신이 작가라면 이런 식으로 쓸 것이라는 식으로 양쪽을 균형 있게 생각하며 해나가겠지요.

그렇게 하지 않고 한쪽 수련은 하는데도 다른 한쪽을 하지 않는 식이라면 좋지 않습니다. 자신이 선택한 일이 실제로 맞지 않을 경우를 대비해서 여러 가지 것을 해보는 것이 좋다고 생각합니다.

전에도 어딘가에 썼습니다만, 저는 직장을 잃었을 때 이공계의 편집자를 모집하는 신문광고를 보고 채용 시험을 보러 간 적이 있습니다.

시험장에 가니 글이 배포되고 사전이나 교과서 등 뭘 봐도 좋으니 이 글을 교정하라는 것이었습니다. 가만히 그 글을 봐도 고칠 데가 보이지 않았습니다. 잘못된 글자가 없는 것으로 보였지만, 설마 그럴 리가 없을 거라며 자세히 보고 드디어 두세 군데 틀린 곳을 찾아 고쳤습니다. 시험이 끝난 후 옆에 있는 사람에게 "교정할 곳이 있었습니까?"라고 물었더니 그 사람은 "엄청 많았습니다"라고 말해 깜짝 놀랐습니다.

그 사람은 "이해하기 쉬우면 쓰윽 읽어버리는데, 읽지 않고 한 글자 한 글자 대조해보지 않으면 놓치기 쉽지요. 익숙해지면 그렇게 하지 않아도 자연스럽게 할 수 있게 됩니다"라고 요령을 가르쳐주었습니다. 저는 글의 내용을 읽어버렸지만 오자를 찾기 위해서는 내용을 읽어서는 안 된다는 것이겠지요. 편집자의 일도 힘들겠구나, 하며 감동했습니다. 그리고 이런 일을 무시해서는 안 된다고 느꼈습니다.

그런 경험이 있어서 편집자의 일은 옆에서 보기보다 힘들다는 것을 알았습니다. 누가 봐도 틀린 것을 금방 찾아낼 거라고 생각했다면 당치도 않습니다.

저는 〈시행試行〉이라는 동인잡지를 한 적이 있어 베테랑 편집자에게 도움을 받았는데, 주위로부터 흔히 자네 잡지의 교정은 보통의 동인잡지와는 비교가 안 될 정도로 우수하더군, 하는 말을 들은 일이 있었습니다. 프로의 일은 역시 힘들다고 생각합니다.

당연하지만 그 시험은 보기 좋게 떨어졌습니다. 필기시험의 결과만으로 시험에 떨어진 것이 아니라 좀 더 다른 이유로 떨어졌을지도 모르지만 좋은 경험이었습니다. 그러므로 시험에 떨어졌다고 해도 별로 충격을 받지 않았습니다.

제가 원래 학교에서 배운 것은, 뭔가의 실험을 해서 그 결과를 내고 중간적인 장치를 만들어 다시 실험하는 것이었습니다. 그리고 그다음에 진짜 장치를 만들어 실험하는 흐름이 마치 자신의 장사 같은 것으로 느꼈습니다. 그러므로 종이 위에서의 일은 어쩐지 본업이 아니라는 생각이 있었는지도 모릅니다.

일한 경험이라면 특허 사무소에서 격일로 일한 적이 있습니다. 그 일도 뭔가 실험을 한다거나 현장에서 뭔가를 하는 것이 아니었기 때문에 보람 같은 것도 없고 어쩐지 기술 계통의 본업이라는 느낌이 들지 않았습니다.

저는 현장 일이 더 성미에 맞으며 그런 일을 하면 진가를 발휘한다고 생각했습니다. 하지만 전쟁이 끝나자마자 맥이 빠져 이제 모두 다 그만두자는 기분이 들었습니다. 결국 그 후에는 종이 위에서 하는 아르바이트를 하게 되었습니다. 그것이 지금도 계속되고 있습니다.

6

지금의 관점,
미래의 관점

지극히 윤리적이었던 전쟁 중의 사회

우리는 이른바 전중파戰中派*에 속하여 전쟁과 평화 양쪽을 경험했습니다. 실제로 경험한 것으로서 일반 사람들에게 오해되고 있는 것도 포함하여 이야기하고자 합니다.

우선 전쟁은 당사국, 즉 전쟁을 하는 나라는 각각 자기 나름의 윤리관과 정의감을 모두 갖고 있습니다. 그리고 양쪽이 그것을 주장하며 서로 용납하지 않는 데서 전쟁이 시작됩니다.

최근의 예로 말하자면 '이라크가 핵무기를 준비하고 있다. 그러니 사찰을 받아라'라는 것이 이라크 전쟁에 즈음하여 미

---

* 제2차 세계대전 기간에 청춘기를 보낸 세대.

국의 당초 주장이었습니다. 한편 이라크는 '미국은 기독교 국가인데 이슬람교 국가도 그 밖의 아시아 국가도 전부 지배하고 싶어서 괜한 트집을 잡아 전쟁을 걸어왔다. 그러므로 끝까지 저항할 것이다' 하는 정의감을 갖고 있습니다. 서로의 윤리관이나 정의감이 충돌하면 전쟁이 일어날 수밖에 없습니다.

그러나 미국과 이라크 사이의 전쟁이나 우리의 전쟁 경험에 입각하여 생각해보면, 결국 전쟁이라는 것은 대량살인에 지나지 않습니다. 어느 쪽이 옳다거나 나쁘다거나 한 게 아닙니다. 전쟁 자체가 나쁘다고 해야겠지요.

당사자들은 각각의 정의감, 윤리관을 내세웁니다. 서로가 자신들이 옳다고 생각하여 하는 것은 확실하고, 양쪽의 주장을 들으면 어느 쪽이나 정의감을 내세웁니다. 한쪽에만 정당성이 있고 다른 한쪽에는 없는 것이 아닙니다. 한쪽은 테러고 다른 한쪽은 그것을 진압하기 위해 공격한다는 이야기는 저의 경험에서 보아 인정할 수 없습니다.

어쨌든 전쟁은 대량의 병사나 비전투원에 대한 살육, 또는 폭격에 의한 도시 파괴라는 것이 예사일이 되기 때문에 어떤 정의감을 이유로 내건다고 해도 의미가 없습니다. 단지 대량 살육이나 대량 파괴에 어떤 의미가 있을까요. 그러므로 양쪽 다 나쁘다고 할 수밖에 없습니다.

전쟁 자체가 흉악한 것이지만 전쟁 당사국의 일상은 어떨까요. 저의 경험에서 '전쟁은 그다지 좋아하지 않는다'거나 '나는 전쟁을 반대한다'고 공언한 사람은, 적어도 우리에게 보이는 범위 안에서는 없었습니다. 전쟁은 좋다고 생각하지 않는다, 전쟁은 하지 않는 것이 좋다, 이렇게 생각하는 사람이 있다고 해도 나라가 전쟁을 하고 있을 때 반대한다고 주장하는 목소리는 적어도 동양의 나라에서는 듣지 못했습니다.

미국에서는 비교적 태연하게 반대하는 의견도 말합니다. 한쪽에서 베트남 전쟁을 하고 있고 다른 한쪽에서는 같은 국민이 베트남 전쟁을 반대한다고 공공연하게 말했을 경우, 기피되는 일은 있겠지만 그것이 법률에 저촉되어 체포되는 일은 일단 없습니다. 그것은 서양의 좋은 점이라고 생각합니다.

일본에서는 그런 일이 없고 반대의 목소리를 냈다면 곧바로 감옥에 갇히는 상황이었기 때문에 가족이나 친구 사이에서는 이 전쟁이 옳지 않다는 이야기도 나왔겠지만 그런 목소리를 공공연하게 말하는 사람은 거의 없었습니다.

그건 고사하고 목소리를 내지 않아도 감옥에 갇히는 사람이 있었는데, 그런 사람이 무슨 일을 했는가 하면 아무것도 하지 않았습니다. 일본은 그 부분이 특수합니다. 그리고 원래라면 감옥에 들어가도 시시각각 정세의 변천이나 국민의 사고 등을 신문이나 그 밖의 정보로부터 분석하는 것이 전쟁 반대를 주장하는 사람들이 늘 하는 일입니다만, 일본에서는 우선 그런 일이 없었습니다. 애초에 그런 정세를 항상 파악할 준비가 되어 있지 않았다는 것이 사실일지도 모릅니다.

일반 사람들은 어땠을까요. 전쟁을 하고 있으니 긴장감이 있기 때문에 전쟁을 찬성하는 사람도 반대하는 사람도, 요즘 흔히 있는 흉악한 범죄를 저지르는 일은 일단 없었습니다. 사람들은 상당히 윤리를 지키고 있어서 개인적인 흉악 범죄는 적었던 것입니다.

전쟁 자체는 흉악해도 그 안에서 사는 일반 시민이나 서민은 올바른 윤리를 지키고 있었습니다. 그런 상태만을 보면 전쟁 중의 일상은 사회적으로 그다지 나쁜 분위기가 아니었습니다. 오히려 지금에 비하면 훨씬 건강한 분위기의 사람이 많았습니다. 그런 부분은 전쟁 경험을 하지 않은 사람들이 오해하기 쉬운 점이라고 생각합니다.

윤리나 건강이 극단으로 치달을 때

전쟁 중이어도 표면적으로는 아주 윤리적이고 건강한 사회로 보였습니다. 그러나 그 건강함이 극단에 이르면 어처구니없는 사태까지 나아갑니다.

예컨대 긴자銀座 4번가 교차로의 와코和光 건물 주변에서 애국부인회 여성들이 "사치는 적이다"라고 말하며 어깨띠를 두르고 서 있는 일이 있었습니다. 그리고 파마를 하고 있는 젊은 여성을 발견하면 "지금은 전쟁 중이니 멋이나 낼 때가 아닙니다. 파마는 하지 마세요"라고 주의를 주기도 했습니다. 나아가서는 화장도 안 된다, 머리카락이 긴 것도 안 된다, 하며 가위를 들고 지나가는 사람의 머리카락을 자르기도 하고, 레이스나 자수가 들어간 옷을 잘라버리기도 했습니다.

그것은 윤리라는 것을 극단적으로 추구하고 건강이 극단적이 된 결과 상식에서 벗어난 행동에 이른 것입니다. 전쟁 중의 윤리관이 극단적으로 치달으면 이렇게 됩니다.

독일에서도 이와 비슷한 일이 있었습니다. 나치가 가스실에서 유대인을 대량으로 학살한 일만 강조되지만, 히틀러 유겐트라는 나치 친위대 젊은이들은 근로 봉사를 열심히 했고 규율이 있었으며 일본에 왔을 때는 무척 건강해 보였습니다. 윤리적이었고 규율이 있었으며 퇴폐적인 데도 없었습니다. 그러나 그것이 지나치면 유대인을 가스실에서 죽이는 퇴폐의 극치에 달하게 됩니다. 건강함을 강조하는 나치 간부들이 그것을 했기 때문에 그것은 이루 말할 수 없는 악입니다.

하지만 그것이 나치 청년단의 건강함이나 규율, 예의바름과 모순되는가 하면 그렇지 않습니다. 오히려 그러한 성격의 연장선상이라고 생각합니다. 그것이 극단이 되면 어딘가에서 차질이 생겨 대량 학살을 범하는 것입니다.

옆에서 보면 터무니없는 바보 같은 일을 하는 것이지만, 당사자들은 그렇게 생각하지 않았습니다. 간부들도 전혀 나쁜 일을 하고 있다는 자각이 없었겠지요. 그렇다면 건강함이 어딘가에서 조직적으로 흉악한 일로 변해버린 것은 왜일까요. 그것은 전쟁이라는 상황에 더해 성숙하지 않은 후진적인 사회에 기인한 것이라고 여겨집니다.

실상은 잘 모르지만 성숙한 현대 미국 사회에서는 공공연하게 전쟁 반대를 외치는 것도 허용되는 것으로 보입니다. 제2차 세계대전 중의 독일이나 일본에서는 정부가 하는 일에 반대하는 것은 허용되지 않았습니다. 그런 미성숙한 사회가 건강함을 흉악함으로 변화시키는 토양이 되었다고 저는 생각합니다.

정의의 전쟁은 없다

전쟁에 대한 생각은 같은 전중파라 불리는 세대 안에서도 다양했다고 생각합니다. 크게 나누면 당시 저는 젊었기도 해서 군국주의에 긍정적이었는데, 말하자면 전면적으로 전쟁에 찬성한 쪽이었습니다.

앞에서 말한 극단적인 여성들에 대해서는, 다소 지적인 면이 작용해서인지 그런 것은 옳지 않다고 비판했습니다. 그렇다고 해서 그 사람들에게 가서 '이런 것은 옳지 않습니다'라고 말하지는 않았습니다. 그러므로 이제 와서 그녀들을 비난해서는 안 될지도 모르겠습니다. 너도 비슷한 부류라고 말하면, 바로 그렇습니다. 하지만 그때도 맹목적으로 그렇게까지 하는 게 옳은 일이라고 생각한 것은 아니며, 그 사람들이 그런 일을 하지 않으면 좋을 텐데, 하고 생각한 것은 분명합니다.

어쨌든 강조해두고 싶은 것은 전쟁에는 정의의 전쟁과 부정의 전쟁이 있다는 생각, 또는 선인이나 악인이 있다는 생각은 완전히 거짓말이라는 것입니다. 전쟁 중이나 전후의 경험에서 말하자면 그런 것은 있을 수 없습니다. 의심의 여지 없이 전쟁은 모두 악이라고 생각하는 것이 좋습니다.

그러나 동양에는 아직도 전쟁에는 정의의 전쟁과 그렇지 않은 전쟁이 있다고 주장하는 사람도 있습니다. 하지만 그것은 사회의 후진성에 기초한 잘못된 인식이라고 정리하는 것이 좋습니다. 어떤 명목을 붙이건 전쟁은 모두 악이라고 생각해야 합니다.

전중, 전후를 거쳐 사람은 어떻게 변했는가

저는 제2차 세계대전, 태평양 전쟁 때 정면으로 전쟁에 찬성한 군국주의 청년이었습니다. 당시에 왜 제가 전쟁을 해야 한다고 생각했을까요. 여러 가지 이유가 있습니다만, 크게 나누면 대외적인 면과 내정 문제가 있습니다.

대외적인 면에서 말하자면, 그 무렵 일본 정부는 우선 아시아 지역에서 유럽의 식민지를 용인하지 않고 해방한다는 것을 대외적인 사고의 주된 모티프로 삼고 있었습니다.

당시 중국은 유럽의 식민지로서 토지를 빌려주고 있었습니다. 그것은 조계租界라고 불렸습니다. 영국의 조계는 상하이와 싱가포르, 홍콩에 있었고 프랑스의 식민지는 중국이 아니라 프랑스령 인도차이나라 불렸던 지금의 베트남이었습니다. 인도는 영국으로부터 형식적으로 독립했지만 반半식민지 상태였습니다.

요컨대 아시아는 식민지투성이였던 것입니다. 사실 중국이 맨 먼저 식민지에서의 해방을 주장하면 좋을 텐데, 아무 일도 하려고 하지 않았습니다.

그래서 당시에는 중국이 하지 않으면 우리가 아시아에서 유럽의 식민지를 없애겠다고 생각했습니다. 그것이 우리들 전중파가 정의감에 불탔던 이유입니다.

또 하나인 내정 문제라는 것은, 그 무렵 일본의 농업 문제입니다. 미야자와 켄지宮澤賢治식으로 말하자면 냉한 여름이 와서 기근이 들자 도호쿠東北 지방 쪽에서는 빈농이 밥을 먹을 수 없게 되었습니다. 그래서 농가는 전차금을 받고 딸을 고용살이로 내보내지 않을 수 없었습니다. 실제는 고용살이가 아니라 딸을 팔아넘긴 것인데, 그런 딸은 두 번 다시 고향에 돌아오지 못하고 대개는 도시에서 유곽의 매춘부가 되었습니다. 이런 말도 안 되는 이야기는 없다는 것이 우리의 정의감을 부채질한 이유 가운데 하나였습니다.

그런 이유로 전쟁에 찬성한 것을 정말 옳은 일이라고 생각하느냐고 묻는다면, 그것은 전후의 문제가 됩니다. 전쟁 중에는 이의를 제기할 수 없을 만큼 옳은 일이라고 생각했기 때문에 전쟁에 찬성했던 것입니다.

전쟁에 찬성한다고 말한 사람이므로 전쟁이 끝났을 때는 '왜 정부 사람들은 전쟁을 하라고 한 것도 아닌데 멋대로 전쟁을 시작하고, 그만둘 때는 자신들의 사정으로 멋대로 그만두는 건가. 그런 말도 안 되는 일은 없다. 그 기세로 앞으로 푹 고꾸라지는 것 외에 방법이 없다'고 생각했던 것입니다.

그러므로 우리는 전쟁을 그만두는 것에 반대했고, 군인들이 반란을 일으키면 거기에 참가하여 죽겠다는 생각까지 했던 것입니다. 그러나 그다지 대규모 반란은 일어나지 않아서 우리가 거기에 참가하여 일전을 불사한다거나 최후까지 저항하는 일이 일어나지 않은 채 끝나고 말았습니다. 이것도 동양이랄까 일본의 특색인 걸까요. 이것이 저와 같은 군국주의 청년(대학 2학년)이 패전 때 느낀 감상이었습니다.

전쟁을 열심히 했던 사람들 중에는 곧바로 공산당에 들어간 친구가 있었습니다. 예컨대 몇 해 전에 돌아가신 소설가 이노우에 미쓰하루井上光晴(1926~1992)도 그중 한 사람입니다. 또 동인잡지 동료로 소설과 평론을 썼던 무라카미 이치로村上一郎(1920~1975) 같은 과격한 사람도 있었습니다. 그는 단기현역 사관短期現役士官* 출신의 해군 장교였을 때 전쟁이 끝났습니다.

전후에 미시마 유키오가 이치가야市ヶ谷의 자위대에 가서 '너희들은 왜 그렇게 얌전히 있는 건가'라며 선동 연설을 하고

할복하여 죽었는데, 무라카미 이치로 씨는 그때도 전쟁 중의 군복을 입고 이치가야의 자위대 문까지 갔다가 제지당하여 돌아왔다고 합니다. 그 후인 1975년에 그는 스스로 경동맥을 찔러 자살했습니다.

미시마 유키오는 이미 저명한 문학자였지만, 무라카미 이치로 씨는 세상에 이름이 알려진 것도 아니고 우리와 함께 하는 동인잡지의 동료였을 뿐입니다. 그래도 우리의 동료 중에는 그런 사람이 있었습니다.

그와는 얼핏 정반대되는 사람도 있는데, 시인이자 소설가인 기요오카 타카유키淸岡卓行(1922~2006) 씨입니다. 그는 진정한 의미의 리버럴리스트였습니다. 리버럴리스트 중에는 전쟁 중에 아무 말도 하지 않았으면서도 전후가 되자 나는 전쟁에는 그다지 찬성하지 않았다고 말하는 사람도 있었습니다. 하지만 기요오카 씨는 그런 사람이 아니라 전쟁 중부터 진정한 리버럴리스트였습니다. 전쟁 중에 그는 만주의 다롄에 있으면서 시를 썼습니다.

---

* 대일본제국 해군이 구제旧制 대학 졸업자 등을 대상으로 특례로 현역 기간을 2년으로 한정해 채용한 장교를 말한다.

내가 전후에 누그러진 이유

전중파라고 해도 여러 가지 생각을 가진 사람이 있었습니다. 그렇다면 제가 전후戰後에 어떤 자세를 취했는가 하면, '비겁자가 되어라, 얌전히 있으라'는 것이었습니다. 왜 그런가 하면 이유는 몇 가지 있습니다.

전후 일본이 미국에 점령당하게 되자 맥아더 원수를 비롯한 점령군의 정치 부문인 민정국民政局도 도쿄로 왔습니다. 우리는 전쟁을 끝까지 하라는 생각이었기 때문에 조금이라도 이상한 일이 있으면 가만두지 않겠다는 기세로 그들을 지켜보고 있었습니다.

말 그대로 빠짐없이 감시하고 있다고 해도 좋을 정도로 미국인의 방식을 주목하고 있었습니다. 매일 신문을 빠짐없이 읽고 미국인이 거리로 나왔을 때의 행동이 어떻다거나 민정국이 내는 성명이나 점령 정책 같은 것을 아주 주의하여 관찰하고 있었던 것입니다.

그런데 도쿄에서 보는 한 그들에게는 조금도 결점이 없었습니다. 점령 중의 민정국은 점령국인 일본에 진주해 있는데도 일일이 성명을 발표하여 이러저러한 정책을 취하니 이해해달라고 일본 국민에게 알렸습니다.

또한 거리를 걷는 미국 병사는 특별히 여자들을 괴롭히지도 않았습니다. 그런 모습은 일본인의 애국부인회 여성들보다 훌륭한 것으로, 긴자 거리에서는 함께 장난을 치거나 웃음을 자아내는 일은 있어도 난폭하게 굴거나 붙잡아 어떻게 하는 일은 전혀 없었습니다. 우리도 학교에 간 김에 유라쿠초 역에서 내려 자신의 눈으로 직접 봤기 때문에 잘 알 수 있었습니다.

우리가 왜 누그러졌느냐 하면, 만약 자신이 반대 입장이었을 때 과연 미국의 그런 태도를 취할 수 있었을까 하는 의문이 들었기 때문입니다. 어딘가를 점령한 경우, 우리들 전중파 사람들은 도저히 그만큼 대등하게 대우하며 성명을 발표하거나 평온한 행동을 할 수 없을 거라고 생각했습니다.

점령한 국민을 자신들과 동등하게 대하고 그 나라의 민심에 호소하여 정책 내용을 설명하며 이해를 구하는 표현을 하는 것은 아무리 생각해도 우리가 할 수 있을 것 같지 않았습니다. 아무리 애를 써도 할 수 없었을 거라고 생각합니다.

그러므로 이거 안 되겠다, 고쳐야겠다고 생각했던 것입니다. 반란이 일어나면 함께 죽어도 좋다고 생각했지만, 점점 누그러져 말이 안 될 정도로 자신이 틀렸다고 반성했습니다. 그런데도 적개심만은 왕성해서 미국에 대해서 도저히 인간은 누구나 의식적인 면에서 평등하고 정신적인 면에서도 평등하다고 생각할 수가 없었습니다.

이는 청년 시절부터 재검토할 수밖에 없다고 저는 생각했습니다. 패전 때의 기세는 어디로 간 것인가 하는 식으로 저 자신은 누그러져갔던 것입니다.

앞에서 말한 무라카미 이치로 씨는 학생 때 단기현역사관으로 해군에 들어가 장교가 된 사람이었는데, 그는 우리에게 자주 자살하는 가장 좋은 방법은 무엇인가 하는 이야기만 했습니다. 그다지 온건한 말은 하지 않고 용맹한 말만 했기 때문에 그 무렵이 되자 저는 "무라카미 이치로 씨, 용맹한 말은 이제 하지 않는 것이 좋습니다"라고 말하며 달랬을 정도입니다.

결국 무라카미 이치로 씨는 칼로 경동맥을 찌르는 상당히 혹독한 방식으로 죽었습니다. 사실은 미시카 유키오가 이치가야에서 할복자살했을 때, 아니면 전쟁이 끝났을 때 자살할 생각이었을 거라고 추측하고 있습니다.

지금 생각하면 언제든지 죽을 장소를 찾고 있었다고 여겨집니다. 우리들 전중파 좌익이나 한 세대 전의 뛰어난 좌익은 무라카미 이치로 씨의 깨끗한 죽음을 칭송했습니다. 무라카미 이치로 씨는 "미국 자본주의를 평생의 적으로 삼을 것"이라는 신조를 지닌 사람이었습니다.

나카소네 야스히로中曾根康弘(1918~)라는 자민당 원로가 있는데, 그도 무라카미 이치로 씨와 마찬가지로 단기현역사관으로 해군 주계主計* 소령이 되었을 때 전쟁이 끝났을 겁니다. 앞으로는 전쟁이 아니라 평화에 대한 경쟁으로 미국을 압도하겠다는 기세로 그는 정치가가 되었다고 생각합니다. 지금도 그렇게 생각하는지 어떤지는 모르겠습니다.

전쟁 중부터 전후에 사람이 어떻게 변했는가 하면, 우리처럼 누그러지고 만 사람도 있고 무라카미 이치로 씨처럼 뭔가 있다면 언제든지 깨끗하게 죽을 생각인 사람도 있고 기요오카 타카유키 씨처럼 리버럴리스트로 일관한 사람도 있었습니다. 여러 유형의 사람이 있었던 것입니다.

지금도 전중, 전후의 연장선상에서 일본을 연구하고 있다

저는 전중, 전후를 거쳐 지금도 그 연장선상에 있으며 일본이라는 나라는 좋고 나쁜 양쪽을 포함하여 대체 무엇이었나 하는 것을 저 나름대로 연구하고 있습니다.

그 당시 마르크스주의적 동양학자의 동양에 대한 사고는,

* 보급이나 복리후생을 담당하는 부서.

비트포겔Karl August Wittfogel(1896~1988)이라는 저명한 독일 학자의 아시아적 농경에 대한 논문을 읽으면 알 수 있습니다.

요컨대 그는, 아시아는 오랫동안 농업을 해온 지역으로 수력水力 사회와 수리水利 사회가 있다고 파악합니다. 중국과 중근동을 포함한 아시아 내륙은 하천을 인공적으로 구부려 관개에 이용하거나 그것으로 농업을 활발하게 하는 방식을 취합니다. 그것이 수리 사회입니다. 일본에서도 우리가 어렸을 때는 수력 사회가 있었는데, 기껏해야 물의 흐름을 이용하여 물레방아를 돌려 벼를 찧거나 하는 정도였습니다. 동양 사회를 이 둘로 나눠 생각한 것입니다.

왕은 전제군주이고 이따금 교체됩니다. 중국에서 말하자면 몽골계 기마민족이 중국을 지배할 때도 있고 한민족漢民族이 중국을 지배한 시대도 있습니다.

요컨대 비트포겔의 주요 논점은, 왕조는 교체되는 것이고 전답을 넓히기 위해 하천을 구부려 인공적으로 만드는 일은 군주가 떠맡는 시스템이었다는 데 있었습니다.

그런데 전후에 스스로 차근차근 생각해보니 아무래도 일본은 그렇지가 않았습니다. 하천을 구부려 관개용수를 만드는 공사를 군주인 천황가가 떠맡았는가 하면, 그런 일은 예외적인 경우밖에 없었습니다.

또한 하천 공사를 하여 관개용 물을 전답으로 끈다거나 커다란 수차로 하천의 물을 수로를 통해 전답으로 끄는 일도 없었습니다. 교외의 낮은 산이나 언덕 중턱에 흙을 쌓고 빗물을 막아 채워두거나 평지에 용수지를 파서 사용하거나 우물을 파서 전답에 쓰는 정도라면 현재도 교토 교외나 나라奈良, 시코쿠四國에도 있습니다.

문헌에 있는 천황이나 승려가 관여했다고 여겨지는 것은 요사미依網 연못*이나 구카이空海가 시공했다고 여겨지는 만노 연못滿濃の池**(시코쿠) 정도겠지요. 또한 고승의 전설에서 지팡이를 땅바닥에 꽂았더니 우물물이 흘러나와 전답의 물로 썼다고 하는 소규모 우물입니다.

왕권 역시 왕위를 둘러싼 내분이 있거나 정치 지배가 무가武家 계급으로 교체되어 종교적인 의미의 왕으로만 존속되는 일이 에도 시대까지 이어집니다.

메이지 시대에 정치·종교적인 의미의 왕으로서 부활하고,

---

* 오사카의 넓은 범위에 걸쳐 있던 인공 연못으로 일본에서 가장 오래된 저수지로 지금은 없다. 『고사기古事記』나 『일본서기日本書紀』에서는 스진崇神 천황 시대에 관개 목적으로 만들어졌다고 하지만 실제로 있었는지는 확실하지 않다.

** 821년 구카이가 설계하고 시공했다는 일본 최대의 관개용 저수지.

태평양 전쟁의 패배로 '국민 통합의 상징'으로 부활하기도 했지만, 종교적 통합자로서는 '만세일계萬世一系'*적이었기 때문에 기본적으로는 제식祭式을 관장해왔다고 말할 수 있겠지요.

현재까지 이 단일한 '종교적' 왕권이 2천 년이나 존속한 데다 하이테크 산업기술이 서유럽이나 미국에 못지않다는 점에서, 다른 선진 지역 국가의 입장에서는 세계에서 드문 국민 존재(인류의 갈라파고스섬)처럼 보였던 게 아닐까요.

확실히 만세일계인지 어떤지는 문제가 있지만, 일본의 경우 왕조가 교체될 때마다 정책이 변하는 일은 없습니다.

그렇다면 종교성이 남아 있다고 하면 될까요. 앞에서도 말했지만, 메이지 시대까지 류큐琉球가 그랬던 것처럼 대체로 여자는 신탁을 받는 무녀의 역할을 하고 그 신탁에 따라 남자가 국가를 지배합니다. 이것이 일본 열도, 류큐 열도의 정치 방식이 가진 특성이었습니다.

다시 말해 대체로 여계적女系的이고 무녀가 받은 신탁에 따라 형제나 숙부가 정치를 하는 것이 고대부터 일본의 전통적인 방식이었습니다. 그리고 천황의 아내, 즉 황후에 해당하는 사람이 옛날에는 신탁을 받았습니다. 황후는 신에게 가장 가

* 일본 황실의 혈통이 단 한 번도 단절된 적이 없다고 주장하는 견해.

까운 존재였고, 천황은 그보다 아래였습니다. 천황이 신탁에 따라 정치를 하는 형태였습니다. 그런데 시대가 지남에 따라 황후의 일은 후궁인 궁녀들을 통솔하는 것뿐이게 되었습니다.

저는 저 나름대로 연구해가는 중에 일본이라는 국가는 아무리 생각해도 비트포겔 같은 서양의 동양학 대가가 말한 것과 전혀 다르다는 것을 알게 되었고, 이는 스스로 좀 더 연구하는 수밖에 없다고 생각했습니다.

현재 제가 하고 있는 일도 그 연속이라고 하면 연속입니다. 저의 일을 그런 관점에서 봐준다면 굉장히 이해하기 쉬울 거라고 생각합니다. 문예에 관계된 일은 물론이고, 문예 이외에 대한 저의 생각도 모두 그 연장선상에 있습니다.

적어도 일본이라는 나라는 어떤 나라인가 하는 논의에 대해서는 저 자신이 연구하여 쌓아온 사고이지 서구의 아무개라는 학자의 사고를 그대로 받아 옮기는 일은 하지 않았습니다.

물론 유럽의 철학자나 정치학자의 영향은 받았고, 처음에는 러시아 마르크스주의의 주장을 따랐지만 이건 아니다, 라고 생각하게 되고 나서는 점점 자신만의 생각을 해나갔습니다. 제가 보기에 그런 태도는 전쟁 중에 전쟁에 정면으로 나섰던 일의 책임을 다한다는 것입니다. 그래서 저만은 납득할 수 있었습니다. 이것은 남에게 말해도 아무 소용도 없는 일이지만, 전중파는 크든 적든 그런 것을 생각해온 것이 아닐까요.

공산당에 들어간 사람도 일본은 이런 나라여서는 견딜 수 없다고 생각했고, 무라카미 이치로 씨처럼 자살한 사람도 그 나름대로 자신의 사고로 책임을 다하려고 생각하며 행동했다고 할 수 있습니다. 기요오카 타카유키 씨처럼 진정한 리버럴리스트로 시인, 문학자로서의 생애를 다하고 돌아가신 사람도 자신이 전쟁 중에 다할 수 없었던 것을 하려고 했던 것이겠지요.

전쟁이 끝났을 때 앞으로 어떻게 살아야 좋을지를 다들 나름대로 생각하기는 했던 것입니다.

다만 이런 것을 이해해주는 사람은 이제 거의 없습니다. 우리가 글을 쓰기 시작했을 때 학교를 나와 출판사에 막 들어갔던 사람은 이미 정년퇴직을 했거나 앞으로 1년 후에는 퇴직합니다. 그런 사람이 없어지면 저 같은 사람은 우라시마 타로浦島太郎*가 됩니다.

---

* 거북을 살려준 덕으로 용궁에 가서 호화롭게 지내다가 돌아와 보니 많은 세월이 지나 친척이나 아는 사람은 모두 죽고 온통 모르는 사람뿐이었다는 일본 전설의 주인공.

싸움으로 배운, 사람과의 거리감

무라카미 이치로나 이노우에 미쓰하루 등은 자기 나름대로 생각해서 각자의 길로 나아갔지만, 동인同人으로서 분열하는 일은 없었습니다.

한도를 알고 있어서 그랬다고 하면 이상하지만, 논쟁이 벌어지는 일은 있어도 같은 시대에 같은 일을 당해왔기 때문에 서로 이해하는 점이 있어서 그런지 큰 싸움이 벌어지는 일은 없었습니다. 문학에 종사하는 사람들끼리의 이해 같은 것이 있었고, 좀 더 말하자면 싸움은 전쟁 중에 실컷 했던 것입니다.

전쟁 중에도 너는 너무 게을러, 괘씸하게 말이야, 라고 하며 싸우는 사람도 있었습니다. 우리 학교에는 군인인 기술 장교가 와 있었는데, 그런 사람은 거만하게 굽니다. 우리 동포에게는 아무 말도 하지 않지만 두 사람쯤 있었던 타이완 유학생에게는 기회만 있으면 마구 으스대고 때로는 후려갈긴 적도 있습니다. 그런 일에 관해 우리 동포들끼리 언쟁을 하거나 생각이 달라 싸우게 되는 일도 있었습니다.

그런 경험이 있었기에 어떻게 하면 싸우지 않게 되는지, 어떻게 하면 말도 안 하는 상태가 되지 않게 되는지가 몸에 밴 것이라고 생각합니다.

예컨대 "오늘, 나는 놀러 나갈 테니까 네가 대신 내 몫까지 해줘"라는 말을 듣고 대신 대답해주며 거기에 있는 것처럼 작업을 했던 적도 있습니다. 그중에는 생각이 다른 학생도 있지만, 그런 경우에는 서로 고자질하지 않는다거나 누구누구가 빠졌다고 불평을 하지 않는다거나 하는 방식이 가장 좋은 방식이라는 것을 전쟁 중에 배웠습니다.

마찬가지로 동인회에서는 가령 말다툼이 있어도 일정한 선에서 그만둡니다. 대체로 네가 하는 말은 알고 있다는 식이 되어 동료들끼리 사이가 틀어지는 일은 없었습니다.

윗사람만 모르게 하면 괜찮다는 방식은 전쟁 중에 배운 것입니다. 이거라면 군국주의가 성가신 말을 해도 적당히 해나갈 수 있습니다. 처음에는 싸움만 했지만 나중이 되면서 점차 그런 방법을 짜내 '아, 이렇게 하면 되겠구나' 하고 생각하게 되었습니다.

전쟁 중에는 싸움, 말다툼이 끊이지 않았지만, 반대로 그런 방식을 제 것으로 만들었다는 이점은 있습니다.

인간의 본성

전쟁 중에는 심하게 황폐한 면과 서로 잘 돕는 면이 다 있었습니다. 예컨대 치바 현으로 고구마를 사러 갔다가 돌아오는 길에 경찰의 임검臨檢이 있다는 정보를 앞 전차에 탔던 사람이 전해줍니다. 그러면 말한 대로 경찰이 있는 역 바로 앞의 역에서 전차를 내려 먼저 보내고 나서 다시 타는 겁니다.

경찰도 예끼 이놈, 하는 고압적인 느낌이 아니라 일단 검사는 하지만, 괜찮아요 이 정도의 고구마라면, 하고 눈감아주기도 하고 조금만 압수하고 나머지는 가져가도 좋다고 말해주기도 했습니다. 전쟁 중에 그런 상부상조를 배웠기 때문에 저 스스로도 그 영향을 느낄 수 있었습니다.

한편 불쾌한 경험은, 동원된 곳에서 도쿄로 돌아올 때 이웃 현의 군대가 해산되어 고향으로 돌아오는 군인과 함께 열차에 탔을 때의 일입니다.

군인들은 육군 창고에 있는 것을 모두 나눠들고 온 것이겠지요. 군복이나 먹을 것을 짊어질 만큼 짊어지고 있어서 빈손의 우리는 그것을 불쾌한 얼굴로 보고 있었습니다. 충용한 군인이라고 하는데 군의 물자를 짊어질 만큼 짊어지고 돌아오다니 뭐냐, 그 꼴은, 하고 내심 생각했습니다. 조금은 풀이 죽은 얼굴로 돌아오면 좋을 텐데, 하는 생각을 어딘지 모르게 하고 있었던 것입니다.

군인들도 나름대로 우리가 전장에서 목숨을 걸고 싸우고 있을 때 이 학생들처럼 늘어진 놈들이 있으니까 전쟁에 진 거다, 하고 생각할 거라고 느꼈습니다. 말로 한 것은 아니지만 그들의 얼굴을 보고 있으면 아무래도 우리를 무시하는 듯한 눈매였습니다.

요컨대 서로 상대를 경멸하는 것입니다. 그때의 불쾌한 기분은 필설로 다하기 힘든 것이었습니다.

사람에게는 역사가 지나도 보편적으로 변하지 않는 뭔가가 있는 듯한 기분이 듭니다. 그것은 인간의 본성에 가까운 부분으로, 좋은 부분보다는 직시하는 것이 불쾌해지는 부분에 있는 것 같습니다. 지금도 식민지 출신자가 일본에서 괴롭힘을 당했다는 것을 규탄하는 사람은 많습니다만, 사실은 어땠을까요. 분명히 괴롭힘을 당했다고 생각하지만 평등하게 대해준 사람도 많았을 텐데 그런 말만 하면 곤란하다는 것이 저의 실감입니다.

전쟁 중에 그들이 위축되어 있었던 것은 분명합니다. 그러므로 제가 근로 동원되어 있던 제조회사의 공장에서는 패전 소식이 전해지자마자 식사 시간에 조선인 노동자가 큰 소리로 이야기를 하게 되었고 반대로 일본인 공원이 다소 기가 죽은 모습이 되었는데, 그 변화의 속도가 굉장히 흥미로운 것이었습니다.

흥미 본위로 말할 일이 아닐지도 모르지만, 참으로 멋진 그 변화를 저는 흥미진진하게 '아아, 이런 거구나' 하고 놀라운 마음으로 봤습니다.

모든 것이 반대 방향으로 나아가고 있다

지금의 일본은 도덕적으로도 좋지 않기 때문에 품격이나 애국심이나 무사도 정신이라는 것을 부활시키자는 생각이 붐을 일으키고 있는 것 같습니다. 하지만 저는 그런 것은 쓸데없다, 처음부터 쓸데없는 일이다, 라고 생각합니다. 그런 복고적이고 회고적인 방식이 이런 미증유의 새로운 사회 상황에 통용될 수 있을까요. 저는 복고적인 사고는 통용되지 않을 거라고 생각합니다.

지금의 일본은 뭘 해도 최악에 가깝다는 상황 판단이 상당히 맞을 거라고 생각합니다.

하지만 어떻게 하면 좋을까, 하는 점에 대해서는 생각이 전혀 다릅니다.

일본의 상황이 최악에 가깝다는 징후는 여러 곳에서 나오고 있습니다. 얼마 전에 열렸던 월드컵 축구 시합도 예외는 아니었습니다. 세계적인 수준의 상대와 시합을 해서 졌을 때 그지는 방식이 단지 스포츠 경기에서 졌다기보다는 팀이 무너진 듯이 졌습니다. 10분이나 5분쯤 남은 시간에도 몇 골이나 허용하는 형태로 졌기 때문에 다들 맥이 풀렸습니다. 그 월드컵 경기를 보며, 그것은 졌다기보다는 바로 붕괴했다는 표현이 딱 맞는다고 생각했습니다.

전문가는 여러 가지로 비평을 했습니다만, 그것은 무책임한 비평이었다고 생각합니다. 우리의 문학으로부터 확장한 사고에서 보면, 힘차고 몸이 잘 움직이는 젊은 선수와 몸의 움직임은 조금 떨어져도 기술은 훨씬 나으며 상황 판단이 뛰어난 베테랑 선수 사이의 인식상의 분열과 심적 구조의 분열, 이 두 가지가 두드러져 붕괴 상태에 이르렀다고 생각합니다. 이는 스포츠의 문제가 아니라 정신의 문제라고 생각한 것입니다.

이런 붕괴 상황은 이제 일본 어디에나 존재하고 흉악한 범죄는 끊이지 않습니다. 아이가 부모를 죽이는 일도 있고 부모가 아이를 죽이는 일도 있습니다. 다시 말해 일본 축구와 마찬가지의 붕괴 상태가 일본 전역에서 일어나고 있는 것입니다.

베테랑이 이렇게 차면 그곳으로 간다는 것을 알고 제대로 거기에 있어 주었으면 싶어도, 젊은 선수는 발놀림이야 좋지만 베테랑의 패스를 받을 수 있는 곳으로 제대로 갈 만한 기량이 없습니다. 게다가 '저 사람이 말한 대로 움직일까 보냐' 하는 마음이 어딘가에 있을지도 모릅니다. 요컨대 저는 쌍방의 심적 간격이 크다는 것이 패배의 원인이라는 견해를 갖고 있습니다.

스포츠에서는 기량과 몸의 움직임이 가장 중요하겠지만 기량이 낮은 젊은 선수의 몸이 잘 움직이는 것은 당연한 일입니다. 그보다는 평소부터 팀워크가 제대로 갖춰질 때까지 연습하지 않았기 때문에 실력을 발휘할 수 없는 것입니다. 초심자의 눈으로 봐도 처음부터 패배는 정해져 있었던 것으로 보입니다.

예컨대 나카타 히데토시中田英壽(1977~) 선수가 '자신이 이렇게 차면 그 앞에서 누군가 받아줄 거다'라고 생각해서 차도 반응해주지 않습니다. 거기에는 기술의 문제도 있고 연습에서 연계 플레이가 제대로 되지 않은 문제도 있겠지요. 결국 팀이 하나로 뭉치지 않았기 때문에 그런 결과를 낳았습니다. 승패가 아니라 팀의 붕괴라고 보면 이는 현재의 일본 사회 구조와 유사합니다. 상징적으로 세상이 그렇게 되어 있다는 유사점이 있습니다.

그렇다면 어떻게 하면 될까, 하는 것이 문제입니다. 축구에서 말하자면 하나는 함께 연습하거나 연계 플레이를 할 수 있는 연습 시간을 충분히 갖는 것입니다. 일본 사회에 적용해보면 이는 도덕이나 무사도 정신을 회복하면 세상이 좋아진다는 것과 같은 거라고 생각합니다.

요컨대 팀워크가 좋아지는 것처럼 일단 팀 전체가 연습을 해두면 그 나름의 힘을 발휘할 수 있을 거라는 겁니다.

확실히 사회적 규모로 무사도나 의협심이 중시되면 도덕은 회복할 거라는 것은 지당한 의견일 겁니다. 그러나 그런 것이 간단히 될 수 있다면 고생하지 않겠지요. 일본 사회는 진작 좋아졌을 것입니다. 그런데 그렇게 안 되는 것은 왜일까요. 그것은 시대의 발달 속도가 너무 빨라 무사도나 의협심으로 어떻게 해보겠다는 방식으로는 도움이 되지 않을 만큼 현 상황이 이미 진전되고 말았기 때문입니다. 세계 전체의 축구 기술이 발달해 있으면 우선 그것을 도입하지 않으면 팀 전체가 아무리 연습을 해도 그다지 의미가 없는 것이나 마찬가지입니다.

다시 말해 도덕을 부활시키는 것은 단순한 회고적인 사고에 지나지 않으며 그것으로는 전혀 도움이 되지 않는다는 겁니다.

그 전에 지금의 상황을 어디서 넘어설까, 여기라면 전체적으로 넘어설 수 있지 않을까, 하는 생각을 하며 찾아내는 것 외에는 없습니다.

인간 안의 보편성과 혁신성

산업 구조가 옛날과 크게 달라지는 가운데 '도덕을 함양하면 도덕에 충실한 사람이 많아질 것'이라고 생각하는 것은 착각입니다. 특히 젊은이는 그런 생각을 하지 않기 때문에 아무리 처방전을 내도 강제라도 하지 않으면 그렇게 되지 않겠지요. 강제하면 또 다른 해악이 나오는 것이 분명하기 때문에 강제할 수도 없습니다.

'이런 것이 좋다'는 것을 알아도 그렇게는 할 수 없고 또 그대로 되지 않는 것이 현재의 큰 문제입니다. 하는 사람이 없고 귀를 기울이는 사람도 없습니다. 만약 있다고 해도 그것은 소수뿐으로, 근본적인 해결은 되지 않겠지요.

오랫동안 인생을 살며 전전·전중·전후와 일정한 시점에서 인간을 보면 아무래도 인간은 좀처럼 향상되지 않고 훌륭해지기 힘든 숙명을 짊어진 존재가 아닐까 하는 생각이 들 때가 있습니다. 전쟁 같은 큰 악 속에서 각 개인은 윤리적이고 선량해지며 평화 속에서는 각 개인이 흉악해지는 모순이 있습니다.

오히려 시대가 흘러감에 따라 인간으로서의 수준이 떨어지는 듯한 느낌이 들지 않는 것도 아닙니다. 전쟁 중에 비하면 현재는 충분히 밥을 먹을 수 있고, 집안이나 남녀를 불문하고 가고 싶은 대학에 갈 수 있으며, 하고 싶은 일자리를 얻을 수 있는 꿈같은 시대가 되었습니다.

하지만 욕망이 모두 충족되었다고 할 수 있어도 인간은 다시 고민하기 시작할지도 모릅니다.

그토록 미래성을 가진 마르크스 같은 사람조차 인류가 이런 시대에 직면하리라고는 예상하지 못했습니다. 세계의 현 상황이나 개개인의 사고나 생활 방식이 이렇게까지 문제가 많아질 거라고는 생각하지 못했을 겁니다.

지금의 상황은 사회주의 국가라고 하는 나라도, 자본주의 국가라고 하는 나라도 그렇게 바꾼 보람이 있는 일을 하고 있는 것이 아닙니다. 예전에 소리 높여 논쟁했던 사상이나 정치 시스템보다는 인간성이나 인간의 본질이 낳은 것 또는 인간성 자체가 물어지는 시대가 된 것이 아닐까요.

그런 것을 생각해가면 현대는 인류가 예전에 경험한 적이 없는 완전히 새로운 상황까지 오게 되었습니다. 어쩌면 앞으로도 역사의 반복 이상으로 인류는 구제할 수 없는 상태가 될 위험성이 있습니다.

유감스럽게 누구의 생각을 더듬어간다고 해도 이렇게까지는 생각하지 않았을 거라고 봅니다. 앞으로의 일은 스스로 새롭게 생각해나갈 수밖에 없습니다.

좋아 보이고 또 해악이 없어 보이는 일을 하는, 소규모라도 그것을 해나가는 것 외에 새로운 시대에 대처할 방법은 없는 것 같습니다.

이는 과학적으로 사회를 생각해온 사람도 상상하지 못했을 겁니다. 지금은 그것이 가장 큰 문제일지도 모릅니다.

한 가지 확실히 말할 수 있는 것은 좋은 것을 좋다고 말한들 아무 소용이 없다는 것입니다. 그것은 역사가 몇 번이나 증명해왔습니다. 좋은지 나쁜지가 아니라 사고의 순서를 깊이 따라가지 않으면 문제의 본질이 보이지 않습니다. 사고의 미세한 순서를 따라가지 않으면 해결의 실마리를 잃게 되겠지요.

어쨌든 지금은 생각해야만 하는 시대입니다. 인간이 생각하지 않으면 어떻게 해볼 수 없는 곳까지 왔다는 것은 분명합니다. 인간은 선도 악도 끝까지 하지 않는 한 새로운 가치관을 낳을 수 없을지도 모릅니다. 지금은 갈 데까지 갔기 때문에 인간이란 무엇인가를 좀 더 근원적으로 생각해볼 필요가 있는 게 아닐까 싶습니다.

맺음말

전혀 모르는 사람, 당연히 모르는 출판사(고단샤 인터내셔널)의 츠지모토 씨가 전화로 인터뷰를 요청해왔을 때 이미 알고 있던 것은 고단샤講談社라는 것뿐이었습니다. 늘 그렇게 하지만 어떤 주제에 대해서냐고 물으니 대부분 내가 대답할 수 있을 만한 것들이었습니다. 내 주문은 가능한 한 우리가 평소 생각한 적이 없는 시각에서 질문해달라는 것뿐이었습니다. 츠지모토 씨는 되도록 거기에 따른 각도에서 질문해주었습니다. 그리고 나 자신도 흥미롭게 그것에 호응하는 데 유의했다고 생각합니다.

내 지식이나 식견은 빈약하고, 또 갑자기 준비한다고 해서 어떻게 되는 것도 아닙니다. 그런 탓에 최대한 솔직한 생각을 피력하는 것 외에 다른 수단은 없었습니다. 마지막에 문장을 정리한 것은 츠지모토 씨입니다. 나는 사실 관계가 틀린 것만 손을 댔을 뿐입니다. 요약과 원리의 요점이 잘 잡혀 있어 훌륭했습니다.

내가 츠지모토 씨에게 주문한 시각이나 관점은, 내 나름대로 오랫동안 자기 자신에 대해 깊이 생각해온 것이 있고 자신 안에서 항상 골똘히 생각하며 틀려서는 안 된다고 스스로 경계하고 있는 것이기 때문이라고 해도 좋습니다.

젊었을 때 정치철학이나 경제학에 대해 모르는 것이 나오면 내가 항상 물어봤던 선배가 있었습니다. 어느 날 나는 다음과 같은 것을 물었습니다. 지금 회사에 다니며 월급을 받고 있는 한 노동자가, 예컨대 부모로부터 물려받은 집과 대지를 갖고 있어 남아도는 방을 빌려주고 집세를 받고 있다고 하자. 그러면 마르크스주의의 정의로는 프롤레타리아이자 부르주아가 되는 게 아니겠는가. 그 선배는 곧바로 대답해주었습니다. 맞다. 현실 사회에는 그런 형태의 사정이 얼마든지 있고 또 일어날 수 있는 일이라고 했습니다. 나는 감탄하며 그 선배를 믿었습니다.

예컨대 루카치 같은 철학자는, 반대로 현실 쪽을 정의에 맞춰 수정하거나 자세히 설명합니다. 설마라고 생각할지도 모르지만, 무의식중에 이념의 중량과 현실의 중량이 뒤집히는 것입니다. 레닌은, 자신은 톨스토이의 『안나 카레니나』라는 뛰어난 (간통) 소설을 좋아한다, 민중은 오락만으로 된다고 한다면 서커스로 되지 않겠는가, 하고 말했다고 전해집니다. 스탈린이 지배하던 러시아에서는 왜 시시한 지배 관료의 말 흉내를 정치와 문학 따위로 칭하며 문학(예술)에서의 귀중한 초일류 작가들을 절멸시키고 말았을까요. 관념의 수련 없이는 낳을 수 없는 문학(예술)을 업신여겼기 때문입니다. 이를 가까스로 보존하고 있는 것은 트로츠키의 『문학과 혁명』 정도이고, 나머지는 남아 있지 않습니다. 이런 일은 입 밖에 내는 것마저 너무나 바보 같습니다. 남 흉내 내는 것을 배우면 영리해진다고 생각하면 큰 착각입니다.

시가 나오야志賀直哉(1883~1971)와 다자이 오사무의 논쟁은 다자이 오사무의 「부엉이 통신みみずく通信」이라는 단편에 대한 시가 나오야의 평론에서 시작되었다고 기억합니다. 한마디로 말하면 '젊은 신인 주제에 쓰는 게 건방지다'는 것이었습니다. 구제舊制 니가타新潟 고등학교에서 다자이가 강연했을 때의 일이 그 내용입니다. 강연을 하기 전에 학생이 강당의 조각을 가리키며 '아쿠타가와 류노스케가 왔을 때 저 조각을 칭찬했다'고 말해주었습니다. 다자이 오사무는 시시한 조각이라고 생각

했는지, 아니면 다른 이유에선지 '칭찬한 조각은 별것 아니었다'고 씁니다. 또한 문학을 좋아하는 학생 몇 명과 니가타 교외 해변의 모래 언덕으로 산책을 갔습니다. 기타하라 하쿠슈北原白秋(1885~1942)의 동요 「모래 언덕砂山」의 무대입니다. 그 후 식사를 할 때 한 학생이 다자이 오사무에게 "다자이 씨는 어떻게 작가가 되었습니까?" 하고 물었습니다. 다자이는 "그 밖에 뭘 해도 잘 안 되었으니까"라고 대답합니다. 학생은 웃자는 소리로 "그럼 저도 아주 유망합니다. 뭘 해도 안 되니까요"라고 말합니다. 다자이는 진지하게 "자네는 지금까지 실패하지 않지 않았나. (중략) 아무것도 하지 않고 나는 안 된다고 단정하는 것은 나태일 뿐이네"라고 대답합니다. 이 부분이 시가 나오야에게는 고작 신인인 주제에 건방지다는 평론을 쓰게 한 것으로 보입니다. 내게는 눈물이 날 만큼 공감이 가는 이야기였습니다.

아쿠타가와 류노스케도 다자이 오사무도 생사를 걸 만큼 진지한 부분이 있었던 것으로 보입니다. 다만 시가 나오야에게 아쿠타가와의 진지함은 이해하기 쉬웠지만 다자이 오사무의 진지함은 아마 이해하기 어려웠을 겁니다. 이는 아쿠타가와 류노스케의 「서방 사람西方の人」, 「속 서방 사람續西方の人」과 다자이 오사무의 「직소駈込み訴え」를 비교해보면 금방 알 수 있습니

236

다. 두 사람의 작품 모두 근대 일본의 그리스도교 문학의 수작이다. 하지만 나는 「직소」가 압도적으로 뛰어난 작품이라고 생각합니다. 「직소」는 문장은 쉽게 읽혀도 그리스도(교)에 대한 이해로서는 어려울 것입니다. 어쩔 수 없는 일입니다.

아쿠타가와 류노스케에 대해서는 오카모토 카노코岡本かの子(1889~1939)의 소설 「학은 병들다鶴は病みき」(1936)가 있고, 나카노 시게하루의 「마음むらぎも」(1954)이 있으며, 추도 기간에는 많은 글이 쓰였습니다. 다자이 오사무에 대해서는 오쿠노 타케오娯野健男(1926~1997)의 『다자이 오사무론太宰治論』(1956)이 있습니다. 또 건방지다는 말을 들을 것 같지만, 나도 초기무렵에 「아쿠타가와 류노스케의 죽음芥川龍之介の死」이라는 평론을 썼습니다. 나의 아쿠타가와 류노스케론은 아쿠타가와의다음 시 이외에는 아무것도 없습니다.

> 너와 살아야 할 곳은 시타마치의
> 잿빛 흙탕물 도랑가
> 네가 목욕탕에 오가려면
> 낮에도 우는 모기 소리를 들을 것이다
> 汝と住むべくは下町の
> 水どろは青き溝づたい

汝が洗場の往き來には

晝もなきつる蚊を聞かむ

　츠지모토 씨에게 주문한 것은 관점·시각의 차이를 자신의
독자적인 관점에서 해달라는 것이었습니다. 잘 해주었습니다.
고마운 마음이었습니다.

2006년 12월

요시모토 타카아키 적음

옮긴이의 말

요시모토 타카아키는 일본의 전후 사상계에서 가장 큰 영향력을 가진 인물이다. 현대 일본 사상가의 흐름을 흔히 고바야시 히데오, 요시모토 타카아키, 가라타니 코진으로 파악할 정도다. 그래서 일본에서 『키친』의 소설가 요시모토 바나나는 요시모토 타카아키의 딸이다. 우리에게 요시모토 타카아키는 요시모토 바나나의 아버지일 뿐이다.

그런데 요시모토 타카아키가 일본에서 압도적인 영향력을 행사하며 전후 사상계의 거인으로 평가되던 시기에 쓰인 『언어에서 미란 무엇인가』(1965), 『공동환상론』(1968) 등 그의 대표 저서들은 국내에 하나도 소개되지 않았다. 에세이 몇 편이 소개되었을 뿐인데, 이번에 소개하는 책도 그가 80대 중반에

이른 2007년에 출간한 에세이(편집자의 질문에 답한 것을 편집자가 정리한 글)다.

이 책에서 그는 세상에 절대적 가치관은 존재하지 않으며 지금은 선악 양면에서 보는 관점이 필요한 시대라고 강조한다. 그런데 그의 주장을 읽다보면 거슬리는 말이 있을 수도 있다. 우리와 직접적으로 관련된 과거사 문제에 대해서는 특히 그렇다. 우선 특정한 국가나 역사에 매이지 말고 세계인의 눈으로 생각해보기를 권한다. 그래도 받아들이기 힘들다면 다시 그의 말을 곱씹어보는 것도 좋을 것이다. 그가 왜 그런 말을 하는지를. 왜냐하면 그는 굳이 '글을 쓰는 경우에도 가능한 한 말하기 힘든 것을 쓰려고 한다. 말하기 쉬운 것, 말하면 칭찬받을 것 같은 것은 의식적으로 그다지 하지 않으려고 한다'고 말하고 있기 때문이다. 그리고 '무의식중에 답이 정해져 있는 가치 판단은, 자기도 모르는 사이에 사람의 마음을 강제한다'는 말을 스스로에게 질문해봐도 좋을 것이다. 왜냐하면 우리는 너무나도 간단하게 '특정한 주제로 한 사람의 전 인격에 대한 호불호를 판정'하곤 하기 때문이다.

"애초에 좋은 작품, 나쁜 작품이라는 것은 없겠지만, 그래도 굳이 좋은 작품이라는 것은 거기에 표현되어 있는 마음의 움직임이나 인간관계를 독자로 하여금 그 자신밖에 알 수 없다고 생각하게 하는 작품입니다." 내게 이 말은 문학작품에만 한정된 이야기가 아니라 이 에세이에도 고스란히 적용되는 것 같다.

옮긴이

옮긴이 | 송태욱

연세대학교 국어국문학과를 졸업하고 동대학원에서 문학박사 학위를 받았다. 도쿄외국어
대학교 연구원을 지냈으며, 현재 연세대학교에서 강의하며 번역을 하고 있다. 지은 책으로
『르네상스인 김승옥』(공저)이 있고, 옮긴 책으로는 덴도 아라타의 『환희의 아이』, 미야모
토 테루의 『환상의 빛』, 오에 켄자부로의 『말의 정의』, 히가시노 케이고의 『사명과 영혼의
경계』, 다니자키 준이치로의 『세설』, 사사키 아타루의 『잘라라, 기도하는 그 손을』, 가라타
니 코진의 『일본 정신의 기원』 『트랜스크리틱』 『탐구』, 시오노 나나미의 『십자군 이야기』,
강상중의 『살아야 하는 이유』, 미야자키 하야오의 『책으로 가는 문』 등이 있으며, 나츠메
소세키 소설 전집을 번역했다.

진짜와 가짜

초판 1쇄 발행 2019년 6월 20일

지은이 요시모토 타카아키
옮긴이 송태욱

펴낸곳 서커스출판상회
주소 서울 마포구 월드컵북로 400 5층 24호(상암동, 문화콘텐츠센터)
전화번호 02-3153-1311
팩스 02-3153-2903
전자우편 rigolo@hanmail.net
출판등록 2015년 1월 2일(제2015-000002호)

ISBN 979-11-87295-32-7 03100

이 도서의 국립중앙도서관 출판예정도서목록(CIP)은 서지정보유통지원시스템 홈페이지(http://seoji.nl.go.kr)와
국가자료공동목록시스템(http://www.nl.go.kr/kolisnet)에서 이용하실 수 있습니다.
(CIP제어번호: CIP2019015630)